# Inhalt

# Einleitung

Nichts in unserem Leben geschieht zufällig, da der Mensch in einen übergeordneten Sinnzusammenhang eingebettet ist. Diese Tatsache mag von vielen verkannt werden, aber alle Dinge, die uns im Leben widerfahren, werden von uns selbst herangezogen. Wir sind unsere Gedanken, und diese haben Schöpferkraft. Leider sind sich die meisten Menschen nicht ansatzweise der Macht ihrer Gedanken bewusst, die letztlich unser Lebensschicksal bestimmen.

Wir haben auf dieser Erde eine ganz bestimmte Aufgabe zu erfüllen. Diese Lebensaufgabe muss uns nicht einmal bewusst sein. Viele Menschen werden erst durch schicksalsmäßige Ereignisse mit dem tieferen Sinn des Lebens konfrontiert: seelisch und geistig zu wachsen und lieben zu lernen.

Das Leben ist ein beständiger Wachstumsprozess, wenn wir die Herausforderungen, die uns gestellt werden, annehmen. Durch die Krisen und Wendepunkte in unserem Leben lernen wir am meisten. Wenn wir die Schicksalsschläge wirklich verarbeitet haben, können wir erkennen, dass gerade diese schwierigen und leidvollen Zeiten zu geistigen Einsichten und innerem Wachstum geführt haben. Je mehr wir lernen, an den äußeren Umständen unseres Lebens zu wachsen, um dadurch in Einklang mit dem göttlichen Willen zu gelangen, umso besser erkennen wir die feinen Muster der Fügungen. Wir können sie dann überall in unserem Leben vorfinden und stellen fest, dass *alles gefügt wird*.

Wenn wir sterben und möglicherweise einem längeren Sterbeprozess gegenüberstehen, treten die Ereignisse unseres Lebens an die Oberfläche des Bewusstseins. Der Sterbeprozess vermittelt uns in aller Deutlichkeit, was im Leben wirklich wichtig ist: annehmen, um loslassen zu können, vergeben, um inneren Frieden zu finden.

Und noch etwas mag manchem Leser nicht klar sein: Kein Tod ist zufällig! Jedem einzelnen Sterben liegt ein Seelenentscheid zugrunde. Wie es im Sterbeprozess darum geht, zu einem «Ja», einer Einwilligung und zur Akzeptanz des sich nahenden Todes zu kommen, entscheidet die Seele auf einer unbewussten Ebene, wann sie gehen will. Das ist dem menschlichen Verstand freilich wenig zugänglich. Selbst bei einem plötzlichen Tod sind fast immer Vorahnungen bei den Betroffenen vorhanden, oder Angehörige erleben Träume, in denen die Umstände eines Unglücks vorweggenommen werden. Leider können viele diese Ankündigungen oder Vorahnungen erst im Nachhinein als solche erkennen. Sie werden bei den unterschiedlichen Themen dieses Buches immer wieder auf diese feinen Muster der Fügungen stoßen.

Während meiner Arbeit an diesem Buch nahm die ganze Welt Anteil am Fall der Wachkomapatientin Terri Schiavo und dem gleichzeitigen Sterben von Papst Johannes Paul II. Noch nie zuvor rückten die Themen Sterben und Tod so zentral in den Blickpunkt der Weltöffentlichkeit. Dieses Zusammentreffen von zwei sehr unterschiedlichen Sterbeprozessen – einerseits das selbstbestimmte Sterben des Papstes, andererseits Terri Schiavo, die nicht mehr selbst über ihren Tod entscheiden konnte – war keineswegs ein Zufall, sondern wurde ebenfalls gefügt: Wir sind aufgerufen, uns endlich mit den auftretenden Problemen am Lebensende auseinanderzusetzen!

Durch die heute medizinisch machbaren Eingriffe in die Sterbeprozesse (zum Beispiel durch eine Magensonde) ist es möglich, das Sterben außerordentlich zu verlängern – oft gegen den Willen der Patienten. So beschäftige ich mich zu Beginn dieses Buches ebenso mit dem menschenwürdigen Sterben wie auch mit der Organspende und den neuen Regelungen der Patientenverfügungen. Angesichts der Überalterung der Bevölkerung in der gesamten westlichen Welt und dramatisch ansteigender Pflegefälle, Alzheimer- und anderer Demenzerkrankungen stehen wir vor dem Kollaps der Sozial- und Gesundheitssysteme. Insofern ist die juristische Festschreibung der Patientenverfügungen von außerordentlicher Wichtigkeit. Ich gebe genaue Hinweise, wie eine solche Verfügung abgefasst werden kann. So gesehen ist dieses Buch eine wichtige Ergänzung und Erweiterung meines Buches «Geheimnis Sterben».

Daneben finden Sie neue Erkenntnisse über den plötzlichen Tod sowie eine Analyse der geistigen Bedeutung von Massensterben und Naturkatastrophen, wie sie sich Weihnachten 2004 durch das Seebeben in Asien zugetragen haben.

Im Anschluss befasse ich mich mit dem Fortleben nach dem Tod und den unterschiedlichen Formen von Nachtodkontakten. Obwohl Millionen von Menschen spontane Kontakte mit Verstorbenen erlebt haben, ist dies nach wie vor ein absolutes Tabuthema. Ferner werde ich erstmalig auf die Problematik der verlorenen Seelen eingehen. Auch das stark tabuisierte Nach-sich-Ziehen durch Verstorbene wird behandelt.

In unserer Kultur sind Sterbe- und Trauerrituale abhanden gekommen. Durch die Anonymisierung des Sterbens in den Institutionen steht der Einzelne oft hilflos dem Sterben und dem Tod gegenüber. In vielen Fällen wird die bittere Erfahrung gemacht, dass die Trauer nur noch privat gelebt werden kann. Unsere Gesellschaft erwartet, dass wir auch nach einem schweren Verlust in kurzer Zeit wieder «funktionieren».

So wird dem letzten Kapitel dieses Buches ein besonderer Stellenwert zuteil. Hier erläutere ich Interessierten und Betroffenen nicht nur die Grundsätze der Sterbebegleitung, sondern erteile auch praktische Hinweise, die nach einem Todesfall beachtet werden sollten und mit denen die Trauer besser verarbeitet werden kann.

Möge Ihnen dieses Buch ein wertvoller Begleiter sein! Eine Anmerkung zur Zitierweise: Bei allen Fallbeispielen, die mir persönlich mitgeteilt wurden, sind nur Anführungsstriche gesetzt. Bei der Verwendung anderer Quellen finden Sie die Verweise in den Anmerkungen.

# 1. Kapitel

# Menschenwürdiges Sterben

## Aktuelle Tendenzen

Sterben und Tod sind untrennbar mit unserem Leben verbunden. Obwohl der Mensch in der Lage ist, über seine begrenzte Lebenszeit und sein biologisches Ende nachzudenken, werden in unserer Gesellschaft Tod und die damit verbundenen Ängste weitgehend ausgeblendet. Mit dem Thema verbinden sich grundlegende ethische, soziale und kulturelle Fragen des Menschseins.

Jedes Jahr stirbt in Deutschland fast eine Million Menschen, der Großteil von ihnen unter schwierigen Umständen. Wenn ein Angehöriger stirbt, werden wir aus dem Nichts mit der Tatsache konfrontiert, dass die Verdrängung des Sterbens so weit fortgeschritten ist, dass der Begriff «menschenwürdiger Tod» meist nur noch als Mythos existiert. Krankenhäuser oder Heime sind zu den Hauptorten des Todes avanciert, obwohl sie eigentlich der Leben*serhaltung* dienen. Diese Tatsache hat das Sterben mit der Vokabel des Versagens versehen und zum Tabu werden lassen. Die moderne Medizin ermöglicht uns, länger zu leben. Aber sie bewirkt gleichzeitig, dass wir länger sterben. Häufig sind es die Ärzte, die das Sterben eines Patienten nur schwer akzeptieren können, da sie den Tod als persönliche Niederlage verstehen. Berichte von Angehörigen, wie es der folgende Fall illustriert, sind sehr häufig. Die Mutter der Frau war schon viele Jahre schwer krank gewesen, und doch wollten die Ärzte nicht aufgeben und veranlassten immer wieder neue Untersuchungen. Was die Frau hier schildert, ist typisch für viele ähnliche Vorfälle.

«Als ich ins Krankenhaus kam, ging es meiner Mutter jedoch schon sehr schlecht. Sie wurde künstlich ernährt, war wundgelegen und atmete schwer. Schmerzmittel oder Beruhigungsmittel bekam sie keine. Die Ärzte meinten: ‹Kein Grund zur Sorge, das ist nur eine kleine Krise.› Sie wollten mich sogar nach Hause schicken.

Ich habe dann auf dem Gang einen Freund getroffen, der auch Arzt ist. Er ging mit mir zu meiner Mutter und sagte, dass offenbar bereits ein Multiorganversagen vorlag.

Meine Mutter war seit vielen Jahren krank gewesen. Ihr Körper war immer schwächer geworden, sie lag im Sterben, und die behandelnden Ärzte wollten sie noch auf die Intensivstation legen. Als ich dem Arzt sagte, dass sie meine Mutter doch nicht unnötig quälen sollten, meinte er: ‹Wir müssen reanimieren, das ist unsere Pflicht. Wenn Sie das nicht wollen, hätten Sie nicht zu uns kommen dürfen.›

Als meine Mutter dann einen Herzstillstand erlitt, wurde tatsächlich noch die Reanimation eingeleitet. Ich wurde sogar angeschrien, ich solle doch endlich aus dem Zimmer gehen. Erst als die Wiederbelebungsversuche abgebrochen wurden, durfte ich wieder zu meiner Mutter. Kein Mensch hat mich getröstet oder irgendwie Anteilnahme gezeigt.

Als ich am nächsten Tag wiederkam, um die persönlichen Dinge meiner Mutter abzuholen, sagte die Krankenschwester: ‹Es tut mir leid, aber ich musste den Arzt holen.› Krebspatienten würde man schon sterben lassen, aber bei meiner Mutter sei nicht ganz klar gewesen, was sie gehabt habe. Sie sei ja auch noch nicht so alt gewesen, dass man sie hätte sterben lassen können.»[1]

Der Umgang mit sterbenden Menschen ist ein Gradmesser für die menschliche Gesellschaft. Daran wird vor allem deutlich, welcher Stellenwert dem Menschen zugemessen wird, der nicht mehr auf der Höhe der Leistungsfähigkeit ist und intensiven Beistandes der Mitmenschen bedarf. Die Frage nach der Menschenwürde stellt sich besonders am Lebensende, da durch die heutigen Möglichkeiten der Biotechnologie und der Medizin zunehmend in die Sterbeprozesse eingegriffen wird. Die Erwartungshaltungen der Gesellschaft, aber auch die ethischen Grenzen des Handelns werden dabei nicht bedacht. Doch muss alles, was wissenschaftlich-technisch möglich ist, auch realisiert werden? Und wo bleibt dabei das Menschliche?

Wir leben in einer stark leistungsorientierten Gesellschaft, in der Schwache und Leistungsunfähige keinen Platz haben. Der überzogene Körper-, Fitness- und Jugendkult fördert den Trend des Ausblendens von Altern, Krankheit, Leid und Tod. Die Visionen von einem hohen Alter bei guter Gesundheit werden durch die Heilsversprechen der Anti-Aging-Medizin propagiert. Dabei wird vergessen, dass in der Regel alte Menschen irgendwann körperlich und geistig abbauen. Durch die Illusion, dass wir bis ins hohe Alter jung bleiben können, wurden die Fragen nach Sterben und Tod zunehmend tabuisiert. Obwohl sich die meisten Menschen wünschen, im Kreis der Familie zu sterben, sieht die Wirklichkeit anders aus: Die meisten Bundesbürger sterben in Krankenhäusern, Pflegeheimen oder Hospizen. Sterben wurde aus dem normalen Leben verbannt und in diese anonymen Institutionen verlagert.

Die Verleugnung des Todes und die Überalterung der Gesellschaft haben dazu geführt, dass wir vor dem Problem des Pflegenotstandes stehen. Angesichts der explodierenden Kosten, gerade am Ende des Sterbeprozesses, fordern Ärzte eine öffentliche Diskussion darüber, bei welchen Patienten Leistungen eingespart werden können. Darüber hinaus ist ein enormer Anstieg von Alzheimer- und Demenzerkrankungen zu verzeichnen, sodass wir vor dem Kollaps des Gesundheits- und Pflegesystems stehen.

Unser Leben ist im wahrsten Sinne des Wortes *endlich*, und

wir sind hier, um uns mit dieser Wahrheit im Leben auseinanderzusetzen. Über unseren Todeszeitpunkt bestimmen wir nicht selbst, sondern er wird gefügt, wenn die Zeit gekommen ist. Sterben ist ein Teil des Lebens und nur ein Übergang in eine andere Form des Seins. Wir sterben, wie wir gelebt haben: bewusst oder unbewusst. Da wir den Tod aus der Öffentlichkeit verdrängt haben, erkennen wir nicht mehr, dass hinter der Fassade unserer Spaßgesellschaft tagtäglich wirklich gestorben wird.

Fast unbemerkt von einer breiten Öffentlichkeit vollzogen sich in den letzten 20 Jahren zwei große Wandlungen, die unseren Umgang mit Sterben und Tod beeinflusst haben: Die Etablierung der Sterbeforschung brachte uns ein großes Wissen über die Vorgänge beim Sterben, und zeitgleich erfolgte die absolute Technisierung des Medizinbetriebes, die es überhaupt ermöglichte, in die Sterbeprozesse einzugreifen.

## Das heutige Wissen über das Sterben

Die Ergebnisse und Erkenntnisse der Sterbeforschung der letzten 40 Jahre zeigen uns, dass bestimmte Elemente und Phänomene beim Sterben immer wieder auftreten – weltweit und unabhängig von Kultur oder religiöser Prägung. Dieses Wissen über das Sterben war zu allen Zeiten in der menschlichen Geschichte vorhanden. Es zieht sich wie ein roter Faden durch die gesamte Menschheitsgeschichte.

Bereits im Gilgamesch-Epos, der ältesten Erzählung der Weltliteratur, reist der Held in die Unterwelt, um sich über das Schicksal seines verstorbenen Freundes zu erkundigen. Schon in diesem Text wird der Übergang in die andere Welt durch einen langen, dunklen Tunnel gekennzeichnet, an dessen Ende sich ein unbeschreiblich helles Licht befindet und paradiesische Landschaften erblickt werden. In der Außerkörperlichkeitserfahrung des Apostels Paulus wird von der eigentlich nicht beschreibbaren

Schönheit des Paradieses berichtet. Eine ähnliche symbolische Sprache für die Herrlichkeit Gottes wurde von den Mystikern verwendet, die durch erweiterte Bewusstseinszustände ekstatische, kosmische Lichtvisionen erlebten. Diese Beschreibungen lassen sich durchaus mit heutigen Nahtoderfahrungen vergleichen. Im Mittelalter sammelte Papst Gregor die Berichte von Menschen, die schon einmal einen Blick in das Jenseits geworfen hatten, aber in ihren Körper zurückkehrten.

Todesnäheerlebnisse oder Sterbebettvisionen wurden aus allen Epochen der menschlichen Geschichte überliefert. Auch das «Tibetische» oder «Ägyptische Totenbuch» berichtet von bestimmten Merkmalen, die sich beim Sterben des Menschen ereignen. Wenn diese Texte ihrer spezifisch-kulturellen Symbolik entkleidet werden, erkennen wir die Grundstruktur des Übergangs in das Jenseits, wie sie auch in den modernen Nahtoderfahrungen berichtet wird.

Wir müssen also feststellen, dass die inneren Vorgänge beim Sterben schon immer bekannt waren. Die tibetischen Mönche beispielsweise haben auch nichts anderes getan, als ihre Beobachtungen beim Sterbeprozess aufzuschreiben, wie in Amerika Elisabeth Kübler-Ross. Dabei hatten sie durch lebenslange Bewusstseinsschulung und Meditation einen tieferen Zugang zu den feinstofflichen Aspekten des Sterbens als der heutige westliche Mensch.

In den späten 60er Jahren des 20. Jahrhunderts waren es Elisabeth Kübler-Ross und durch deren Vermittlung Raymond Moody, welche das Urwissen über die Nahtoderfahrung wieder zugänglich gemacht haben. Es handelt sich hierbei um ein ewiges, universales Geschehen. Insofern wird es in diesem Bereich der Sterbeforschung keine wirklich neuen Erkenntnisse mehr geben. Was allerdings bis heute, trotz der Allgegenwärtigkeit der Nahtoderfahrungen, nicht erkannt wurde, ist die Bedeutung der Todesnäheerfahrungen für den Sterbeprozess des Menschen. Durch kontinuierliche wissenschaftliche Studien seriöser Mediziner lassen sich die Aussagen über den Kode der Nahtoderfahrung erhärten. Dabei geht es um nichts Geringeres als um die Frage des Fortlebens nach dem Tod. Unter anderem durch die Aussagen von Elisabeth Kübler-Ross, dass unser Leben mit dem Tod nicht endet, entstand die moderne Thanatologie (Sterbeforschung; Anm. d. Verf.). Viele Wissenschaftler gingen zunächst von der Annahme aus, die Mutmaßungen der Forscherin widerlegen zu können. Aber es entstand eine nunmehr Jahrzehnte umfassende, empirische Forschung, die kaum zu widerlegende Indizien für ein Leben nach dem Tod zusammengetragen hat.

Die klassischen Elemente einer Nahtoderfahrung sind das Gefühl, tot zu sein, Friede und Schmerzfreiheit, die außerkörperliche Erfahrung, die Durchquerung eines Tunnels oder Dunkelheit, die Begegnung mit Verstorbenen, das Lichterlebnis und die Lebensrückschau.[2] Alle diese Elemente spiegeln sich im inneren Sterbeprozess des Menschen wider, sodass eindeutig festgestellt werden muss, dass die Elemente der Nahtoderfahrung den Übergang in die andere Welt beinhalten. Das bedeutet nichts anderes, als dass die Phänomene, denen wir in einer Sterbebegleitung gegenüberstehen, der Ausdruck für die Verwandlung des Menschen in eine andere Form und Dimension sind. Unser Bewusstsein überlebt den Tod, wobei die Nachtodkontakte eindeutig belegen, dass der Mensch als Individualität weiterexistiert.

Derartige Studien wurden bis Anfang der 90er Jahre vor allem in Amerika betrieben. Raymond Moody, Kenneth Ring, Michael Sabom oder der Kinderarzt Melvin Morse untersuchten über viele Jahre hinweg fast jeden einzelnen Aspekt der Nahtoderfahrung. Schon hier zeigte sich, dass die üblichen Erklärungsmuster vom Sauerstoffmangel, von Halluzinationen oder biochemischen Reaktionen des Gehirns nicht zutreffend sind. In den letzten fünf Jahren verlagerte sich aber der Forschungsschwerpunkt nach Europa: Die Ärzte Peter Fenwick und Sam Pania aus Southampton betreiben zurzeit eine weitere ausgedehnte Studie über Nahtoderfahrungen, so auch Bruce Greyson in Amerika.

Als die wohl bedeutsamste und wichtigste gegenwärtige Untersuchung muss die Arbeit des holländischen Kardiologen Pim van Lommel aus Arnheim angesehen werden. Van Lommel und sein Forschungsteam befragten über einen Zeitraum von zehn Jahren 344 Patienten, die einen Herzstillstand erlitten hatten. Es handelte sich um die erste große prospektive Studie über Nahtoderlebnisse überhaupt. Erstmalig konnten auch die Persönlichkeitsveränderungen nach einer Nahtoderfahrung erfasst werden, indem die Forscher zwei und acht Jahre später die Befragten noch einmal untersuchten. Van Lommel publizierte seine Ergebnisse in der wichtigsten europäischen medizinischen Fachzeitschrift «The Lancet».[3]

Das Forschungsteam in Holland widerlegte die Theorie physiologischer Ursachen und bestätigte den zugrunde liegenden Kode einer Nahtoderfahrung. Als Fazit seiner Studie kam Pim van Lommel zu der Feststellung, dass angesichts der vorliegenden Ergebnisse Bewusstsein unabhängig vom Körper existiert. Zu dieser Thematik veröffentlichte er 2004 einen vielbeachteten Aufsatz über die Bewusstseinskontinuität in wichtigen medizinischen Fachzeitschriften.[4]

Durch die Hospizbewegung kamen in den vergangenen Jahren immer mehr Menschen mit dem Sterben in Berührung. Persönliche Erfahrungsberichte überschwemmten tausendfach den Buchmarkt. In diesen Schilderungen finden wir sehr viele Anhaltspunkte über die Visionen und inneren Erfahrungen sterbender Menschen.

Elisabeth Kübler-Ross beschrieb in ihrem berühmten Fünf-Phasen-Modell die *äußeren Sterbephasen* des Menschen. Demnach durchlaufen wir folgende Phasen im Wechsel:
- die *Phase des Nicht-wahrhaben-Wollens*, in der die tödliche Diagnose verleugnet wird,
- die *Phase der Auflehnung*, in der die unerledigten Dinge an die Oberfläche des Bewusstseins treten, was sich vor allem durch Wut und Zorn äußert,

- die *Phase des Verhandelns*, in der der Sterbende einen Aufschub zu erreichen versucht und mit dem Schicksal verhandelt («Wenn ich ein bestimmtes Ereignis noch erleben darf, dann ...»),
- die *Phase der Depression*, in der die Wucht der Erkenntnis des unausweichlichen Todes den Patienten trifft und zu tiefen Depressionen führt, da so vieles unerledigt blieb,
- die *Phase der Annahme*, in der die Vollendung im Sterben durch die Akzeptanz des Todes erreicht wird.

Dass dem Sterben des Menschen ein universaler Kode zugrunde liegt und sich die Elemente der Nahtoderfahrung im Sterbeprozess des Menschen offenbaren, beschrieb ich in den *inneren Sterbephasen* (vgl. dazu mein Buch «Geheimnis Sterben»):

Im finalen Sterben des Menschen beginnt die Waage zwischen Leben und Tod zu schwingen, weil sich die Seele immer mehr vom Körper zu lösen beginnt. Dadurch erleben Sterbende eine Bewusstseinserweiterung, die dazu beiträgt, dass die Bilder des Lebens an die Oberfläche des Bewusstseins treten. Man erkennt die unerledigten Dinge des Lebens, versucht, mit sich ins Reine zu kommen, und sehnt sich nach Aussöhnung, um inneren Frieden zu finden.

Durch die sich verstärkende Bewusstseinserweiterung im Verlauf des Sterbens hebt sich der Schleier zwischen dieser und der anderen Welt. Der Sterbende ist nun imstande, vorangegangene Verstorbene oder Lichtwesen zu sehen. Er fühlt sich geliebt und angenommen und kann nun in Frieden sterben.

Es wird häufig verkannt, dass der Sterbende alles mitbekommt, was um ihn herum geschieht. Durch seine Bewusstseinserweiterung kann er deutlich die Gefühle der Anwesenden spüren. Wenn diese nicht loslassen können, wählt er den Moment des Überganges zu einem Zeitpunkt, in dem die Angehörigen kurz das Zimmer verlassen.

Im Augenblick des Todes zerreißt die Silberschnur, die Seele und Körper miteinander verbindet. Wenn das geschehen ist, kann die Seele nicht mehr in den Körper zurückkehren.

## Auswirkungen der Apparatemedizin

Die Krankenhäuser unserer Zeit haben sich in einem enormen Tempo verändert. Diese grundlegenden Veränderungen sind durch *drei globale Entwicklungen* gekennzeichnet, die erheblich dazu beigetragen haben, das Sterben im Krankenhaus immer unwürdiger zu machen:

1. *Die demographische Entwicklung:* Die Lebenserwartung der Menschen ist in der gesamten westlichen Welt stark gestiegen. Wir leben länger als jemals zuvor bei gleichzeitigem Geburtenrückgang. Die Krankenhäuser sehen sich einer Vielzahl von alten Menschen gegenüber, da zum Lebensende hin schwere chronische Erkrankungen auftreten und viele zu Langzeitpflegefällen werden, für die es in den Familien keinen Platz mehr gibt.

2. *Die verbesserten Möglichkeiten der Medizin:* Die Fortschritte und die Technisierung der medizinischen Wissenschaft haben dazu geführt, dass wir in einem vorher unbekannten Ausmaß in die Sterbeprozesse eingreifen können. Die Apparate-, Intensiv- und Transplantationsmedizin vermag vielen Menschen zu einem neuen lebenswerten Leben zu verhelfen, aber sie vermag auch, Menschen über lange Zeiträume am Leben zu erhalten. Das ist die Kehrseite des Ganzen: die unsägliche Verlängerung des Sterbens und das Schüren der Erwartungshaltung von Patienten und Angehörigen, dass alles repariert und geheilt werden kann. Es bleibt fraglich, ob wir alles, was machbar ist, auch einsetzen müssen.

3. *Das Delegieren von Sterben und Tod:* Heute sterben über 80 Prozent aller Bundesbürger im Krankenhaus. Dadurch ist ein Betrieb völlig überfordert, der eigentlich dazu da ist, Patienten zu heilen und nicht beim Sterben zu begleiten.

Durch diese Entwicklungslinien ist die moderne Medizin an ihre Grenzen gestoßen. Durch die Überalterung der Bevölkerung hat sich die Pflegesituation dramatisch zugespitzt. Das Bild der Kliniken ist in zunehmendem Maße von chronischen und psychischen Erkrankungen älterer Menschen geprägt. Unheilbare und aussichtslose Fälle «überschwemmen» die Krankenhäuser. Auf den internistischen Stationen finden wir Schwerstpflegebedürftige, hochbetagte Schlaganfallpatienten oder an Krebstumoren operierte ältere Patienten, die nicht geheilt werden können, aber auch nicht sterben dürfen. Durch die vielen schwerkranken alten Patienten werden sichtbare Erfolge für Ärzte und Pflegepersonal immer seltener. Herbert Maisch schreibt:

«Bei noch so intensiven Therapieanstrengungen im persönlichen Engagement überschatten Sterben und Tod in erhöhtem Maße die ärztliche Kunst der Lebenserhaltung und -rettung. Die Konfrontation mit der Illusion, dass ein Mehr an Medizin hier noch Krankheit und Tod zu ‹besiegen› vermag, ist unausweichlich. Die Wahrnehmung von Leiden und bevorstehendem Tod fordert – Ärzte und Pflegepersonal – zu konflikt- und spannungsreichen Entscheidungen heraus, die nicht nur berufsethisch, sondern auch in humanitärer und psychischer Hinsicht an die Grenzen der Zumutbarkeit für den Patienten stoßen. Und dies vor allem dann, ‹wenn als einzige Möglichkeit ‹erfolgreicher› Therapie nur noch ein äußerst reduziertes Leben resultieren kann›. Ärztliche Entscheidungslosigkeit, ‹blinder Kampf ums Leben› des Patienten ohne Kommunikation und Verständigung im Behandlungsteam sind von weitreichenden, bisweilen ‹verheerenden› Folgen für Patient, Ärzte und Pflegepersonal.»[5]

Die Situation des Arztes ist dabei besonders schwierig, was sich in aller Deutlichkeit in der intensivmedizinischen Behandlung von Schwerstkranken zeigt. Der Arzt ist als Retter den unrealistischen Erwartungen von Angehörigen und Patienten ausgesetzt. Gleichzeitig werden ihm aber Versagen und Schuld zugewiesen, und nicht selten kommt es dazu, dass Ärzte verklagt werden. Je mehr wir Tod und Sterben tabuisieren, umso mehr entsteht die falsche Erwartungshaltung, dass ein Arzt alles zu reparieren vermag. Dabei gilt der Tod eines Patienten grundsätzlich als Niederlage. Dadurch entstehen die Bemühungen, das Unvermeidliche bis zum Äußersten abzuwenden – um jeden Preis!

Dahinter stehen die beiden Extreme von Abwehr und Bewältigungsversuchen der eigenen Sterblichkeit und dem Tod gegenüber, aber auch die Angst vor Misserfolg und Selbstwerteinbußen. Wenn der Sterbeprozess verlängert wird, der Tod aber nicht länger verhindert werden kann, wird die Sterbebegleitung den Schwestern und Pflegern überlassen. Hierin liegt das große Defizit: Pflegepersonal wie auch Mediziner sind für den Umgang mit Sterbenden nicht ausgebildet. In der Regel fehlen in den Ausbildungen spezielle Schulungen in Sterbebegleitung und dem heutigen Wissen über das Sterben. Das zeigt sich in besonderer Weise bei den zunehmenden Demenzerkrankungen älterer Menschen, auf die im Folgenden etwas näher eingegangen werden soll.

## Die Bedeutung von Alzheimer- und Demenzerkrankungen

Das 20. Jahrhundert gibt ein beredtes Zeugnis der Maßlosigkeit, des Machbarkeitswahnes, der totalen Säkularisierung durch die Wissenschaft. Immenses Elend und Leid waren die Folge – geschaffen vom Menschen selbst in der Verkennung seiner Eigenverantwortlichkeit. In einer Studie heißt es:

«Als sich das 20. Jahrhundert neigte, wurde plötzlich ein Vermächtnis deutlich – die dunkle, unbeabsichtigte Folge eines Jahrhunderts, das große Errungenschaften gefeiert hatte: in der Hygiene, in der Ernährung und in der Medizin. In den vergangenen 100 Jahren hat sich die Lebenserwartung in den Industrieländern fast verdoppelt, die Anzahl der älteren Menschen in der Gesamtpopulation mehr als verdreifacht. Als Folge dieser Entwicklung schossen Fälle seniler Demenz wie Pilze aus dem Boden. 100 Jahre zuvor waren sie noch nicht einmal in den Statistiken aufgetaucht. Paradoxerweise wirkten sich die größten Fortschritte der Medizin im 20. Jahrhundert zu einem großen Gesundheitsproblem für die Allgemeinheit aus.»[6]

Vor allem die nicht bewältigten Kriegserfahrungen (die Vergewaltigung von unzähligen Frauen, das Töten von Menschen auf den Schlachtfeldern) treten in den gegenwärtigen Sterbeprozessen an die Oberfläche des Bewusstseins. Leider wird diese Tatsache nicht nur ignoriert, sondern totgeschwiegen. Aber: Alles Unbewältigte kommt im Sterbeprozess zum Tragen!

Der immense Anstieg von Alzheimer- und Demenzerkrankungen in der betroffenen Generation hat durchaus mit den unerledigten Problemen des nicht verarbeiteten Krieges zu tun. Wenn der Damm des Verdrängens bricht, steht der Einzelne vor den Scherben seines Lebens und schaut seiner eigentlichen Wahrheit ungeschminkt ins Gesicht. Wer das nicht ertragen kann und die Eigenverantwortung nicht erkennen will, flüchtet seelisch gesehen in die scheinbare Ruhe geistiger Verwirrung.

Die heutige Psychiatrie, die Geriatrie, die Pflege- und Altenheime sind voll von solchen Menschen. Da die Traumata des Lebens nie geheilt wurden, können sie dem enormen Druck des eigenen Inneren oft nicht standhalten. Sie weisen jegliche Verantwortung von sich und ziehen sich in den Wahnsinn zurück als Folge nicht gelebten Lebens. Mancher Alzheimer- oder Demenzkranke wird sich in diesem Zwischenzustand von Leben, Wahnsinn und Tod wohlfühlen. Günstigenfalls bekommt der Betroffene vielleicht zum ersten Mal in seinem Leben die Zuwendung von den Angehörigen, die er zuvor nie erhalten hat.

Im anderen Extrem eskalieren Hass, Wut, Zorn und Bitterkeit, wenn die Familie sich den Anforderungen, die der Rückzug des Geistes mit sich bringt, nicht gewachsen fühlt. Das sind natürlich Lektionen, an denen Angehörige wachsen könnten an bedingungsloser Liebe und Verständnis – leider aber auch an Unverständnis, wenn es die eigenen äußeren Kreise zu sehr stört. Wie immer haben wir die Wahl, wie wir auf die Herausforderungen des Lebens reagieren.

Wenngleich eine Alzheimer- oder Demenzerkrankung biologisch in gestörten Gehirnfunktionen begründet ist, wird die Seele des betroffenen Menschen dadurch nicht beeinträchtigt und bleibt ganz und heil. So mancher wird in seinem Zwischenzustand durchaus sein Leben vollenden können. Er kann es dann nur so ertragen, sich der Wahrheit seines Lebens zu stellen. Andere werden bis in den Tod hinein alles daransetzen, ihre Wahrheit zu verleugnen.

Was sich im Außen zeigt, ist der zunehmende geistige Verfall eines Menschen, der für Angehörige meist nur schwer zu ertragen oder zu akzeptieren ist. Die Vorstellung, wie Leben zu sein hat, und wie es dann tatsächlich ist, wird aufs äußerste in Frage gestellt. Der langsame geistige Abbau eines Menschen bis hin in absolute Verwirrtheitszustände ist sicherlich eine der größten Herausforderungen, denen wir gegenüberstehen. Es kann aber eine Möglichkeit sein, bedingungslos lieben zu lernen. Wer die Äußerungen eines Patienten nicht auf sich persönlich bezieht, kann durch Geduld und Verständnis zu einer größeren Liebe kommen.

Wenn wir lernen würden, die oftmals bizarren Äußerungen und für uns ungewöhnlichen Verknüpfungen geistig erkrankter Menschen auch als Botschaft ihrer eigenen Konflikte zu sehen, könnten wir dazu beitragen, ihnen bei der Bewältigung ihrer Probleme beizustehen. Aufgrund der Hirnschädigung kann die Seele eines Betroffenen ihre Erfahrungen nicht länger in Fleisch und Blut übersetzen. Insofern ist das grundlegende Thema derartiger Erkrankungen durchaus die Kommunikationsunfähigkeit, da die Verdrängung unerledigter Dinge in ebendiesen Zustand geführt hat.

In den Sterbebegleitungen hat sich gezeigt, dass die Seele ganz und heil ist. In diesem Zusammenhang erreichte mich ein ausführlicher Brief:

«Vor kurzem starb meine Mutter im Alter von 88 Jahren nach langer, schwerer Krankheit. Sie litt an den Folgen einer zunehmenden Altersdemenz. Trotz aller Schwierigkeiten, die bei einer derartigen Krankheit im Verlauf auftreten, haben wir Mutter in kein Heim gegeben. Sie wohnte bis zur letzten Stunde in ihrer eigenen Wohnung, die sich über der unsrigen befindet. Neben unserer Berufstätigkeit haben wir Mutter mit einem Pflegedienst und zusätzlich einer Privathilfe alleine gepflegt. Am Wochenende und auch in unserem Urlaub, den wir seit Beginn ihrer Krankheit zu Hause verbrachten, pflegten mein Mann und ich sie alleine. Als sich Anfang 2005 die Zeichen verdichteten, dass die Lebenszeit zu Ende geht, sagten wir alle Termine und Verpflichtungen ab und waren in den letzten Lebenstagen und auch in der Sterbestunde bei Mutter.

Mitte des vergangenen Jahres wurde meine Mutter bettlägerig. Nach circa zwei Monaten stellte ich fest, dass sie des Öfteren mit großen Augen im Bett lag, nach oben blickte und dort etwas sah, was ich nicht sehen konnte. Manches Mal versuchte sie auch, es mir zu zeigen. Da durch die Demenz zunehmend auch der konkrete und logische Satzbau verloren geht, habe ich nur so viel verstanden, dass es sich um schöne helle Farben und Licht und auch um Menschen, die vor langer Zeit gestorben waren, ihre Mutter, Vater und Schwester, handeln musste. Ich hatte stets den Eindruck, dass sich für meine Mutter immer mehr ein Fenster ‹nach oben› öffnete.

Anfang des Jahres verschlechterte sich die Situation meiner Mutter zunehmend. Sie hatte schwere Anfälle, aß kaum noch, der Arzt stellte eine Blaseninfektion fest, und es kam hohes Fieber hinzu. Selbst Antibiotika zeigten keine Wirkung mehr. Als wir eines Nachtmittags in ihr Zimmer kamen, roch es ungewöhnlich stark nach Ozon, dreiatomigem Sauerstoff. Bei Gewitter mit starken elektrischen Entladungen in der Atmosphäre kann man manchmal Ozon riechen. Aber dieser Geruch war viel stärker. Wir haben die ganze Wohnung durchsucht und keine Quelle gefunden. Alle Türen und Fenster waren geschlossen, kein Luftzug ging, die Heizung war gut aufgedreht. Wir haben immer darauf geachtet, dass sie sich nicht erkältet. Der Geruch blieb relativ lange im Raum, circa fünf Minuten.

Unabhängig voneinander hörten wir in den Sterbetagen (vier bis fünf Tage vor dem Tod) ab und an Schritte in der Wohnung der Mutter über uns. Als ich es das erste Mal gehört hatte, habe ich meinem Mann nichts gesagt, um ihn nicht zu beunruhigen. Dann aber fragte mich mein Mann danach. Mutter konnte es nicht sein; sie war schon über ein halbes Jahr bettlägerig.

An einem Sonntag war ich nachmittags alleine mit ihr. Ich stand am Fußende des Pflegebettes und sah nach dem Gerät für die Dekubitusmatratze. Alle Türen und Fenster waren geschlossen. Da merkte ich hinter mir einen leichten Luftzug, als wenn jemand an mir vorbeigehen oder vorbeischweben würde. Es war ein seltsames Gefühl, und mein Innerstes war irgendwie angesprochen, berührt. Ich kann es nicht genau beschreiben. Zu diesem Zeitpunkt ging es Mutter bereits sehr schlecht. Sie hatte kaum noch Nahrung zu sich genommen und war total kraftlos.

Am Tag darauf sagte mein Mann intuitiv eine wichtige Dienstreise ab. Wir blieben zu Hause und saßen den ganzen Tag am Bett unserer Mutter. Es war ein sonniger, fast frühlingshafter Tag. Wir beteten mit ihr. Es hat mich übermenschliche Kraft gekostet, aber ich habe meiner Mutter gesagt, dass sie noch diesen kleinen Schritt ins Licht gehen soll, dass dort die Menschen auf sie warten, die sie geliebt hat, dass sie dort glücklich und ohne Schmerzen sein wird, dass sie ihre Aufgabe auf Erden gut gemacht hat und dass ich ihr für ihre Liebe und alle guten menschlichen Eigenschaften, die sie mich gelehrt hat, danke. Sie bekam daraufhin wunderbar blaue Augen, wie ein Kind, das gerade geboren ist. Während der Nacht wechselten mein Mann und ich uns bei der Wache ab. Als ich am Morgen erwachte, sagte mein Mann: ‹Wir gehen gleich zu ihr.› Es war, als wenn sie auf uns gewartet hätte, um uns noch einmal zu sehen. Nach einer Viertelstunde schlief sie für immer ein. Noch einige Zeit nach dem Tod lag im Zimmer ein eigenartiger Glanz. Wir haben unsere Mutter noch selbst gewaschen und ihr Kleidung angezogen, die sie am meisten mochte.»

Die Phänomene, die von der Familie genauestens protokolliert sind, treten in den Sterbeprozessen immer wieder auf. Dieses Beispiel verdeutlicht, dass selbst bei einer Demenz, bei der die Betroffenen kaum noch die Möglichkeit haben, konkrete Sätze zu formulieren, die Seele heil bleibt und die mit dem Sterben einhergehenden Bewusstseinserweiterungen erlebt. Die sterbende Frau wartet am letzten Tag, bis sich die Familie um sie versammelt hat. Sie bekommt also sehr wohl mit, was um sie herum geschieht. Sie ist vollendet, und der Raum ist erfüllt von einem Glanz.

Alles das zeigt, dass wir zwischen dem, was im Außen erfahren wird, und dem inneren Erleben eines Sterbenden sehr stark unterscheiden müssen. Es gibt Berichte darüber, dass Menschen, die ihr Leben lang geistig behindert waren, in ihrem Sterben kurz vor dem Tod auf einmal klar geworden sind und bei vollem Bewusstsein noch Dinge geregelt haben. Die auftretenden Phänomene im Sterben sind unabhängig von Demenz oder sonstigen geistigen Behinderungen.

Die Sterbeforschung hat in den letzten Jahrzehnten darauf aufmerksam gemacht, dass die Elemente einer Nahtoderfahrung den Übergang in die andere Welt beinhalten. Somit sind die Visionen Sterbender ein integraler Bestandteil des Sterbeprozesses, die wir nicht weiter als Verwirrung oder Halluzinationen abtun sollten. Es ist höchste Zeit, die Unsicherheit der Angehörigen oder des Pflegepersonals durch die Einsicht zu ersetzen, dass Bewusstseinserweiterungen zum natürlichen Verlauf des Sterbens gehören.

Leider ist das heutige Wissen über das Sterben keineswegs im Massenbewusstsein der Bevölkerung. Unsicherheit, Angst und Hilflosigkeit sind nach wie vor vorherrschend. An der steigenden Anzahl von Demenzerkrankungen können wir erkennen, wie wichtig die Frage ist, wie wir als westliche Gesellschaft mit dem Sterben umgehen sollen. Nicht von ungefähr wurde diese Frage Ostern 2005 in das Bewusstsein der Weltöffentlichkeit durch den Fall der amerikanischen Wachkomapatientin Terri Schiavo und das gleichzeitige Sterben von Papst Johannes Paul II. gerückt.

# 2. Kapitel

# Der Fall Terri Schiavo und
# das Sterben von Papst Johannes Paul II.

## Der Leidensweg einer Wachkomapatientin

Die Amerikanerin Terri Schiavo lag 15 Jahre im Wachkoma. 1990 erlitt die damals 26-jährige Frau einen Herzstillstand. Ihr Gehirn war dabei für längere Zeit nicht ausreichend mit Sauerstoff versorgt, woraufhin sie ins Wachkoma fiel. Der Ehemann, Michael Schiavo, hoffte viele Jahre auf eine Genesung. Als er schließlich einsehen musste, dass es keine Hoffnung mehr auf Besserung gab, stellte er im Februar 2000 den gerichtlichen Antrag, die künstliche Ernährung einzustellen.

Die Frau hatte keine schriftliche Patientenverfügung hinterlassen. Der Ehemann behauptete, dass Terri nach dem langwierigen Tod ihrer Großmutter geäußert habe, keine lebensverlängernden Maßnahmen zu wünschen. Dagegen protestierten aber vehement ihre Eltern und versuchten über Jahre hinweg, die Einstellung der künstlichen Ernährung zu verhindern.

Das besonders Grausame an diesem Fall war, dass in dem jahrelangen öffentlichen Tauziehen zwischen Ehemann und Eltern von Terri Schiavo tatsächlich das Gericht bereits zweimal entschieden hatte, dass die Magensonde zu entfernen sei: Im April 2001 wurde die Sonde per Gerichtsentscheid zwei Tage später wieder eingesetzt, im Oktober 2003 sogar sieben Tage (!) später. Ein Mensch, der nicht mehr selbst über sein Leben verfügen konnte, wurde zum Spielball zweier verfeindeter Parteien.

Gerade dieser Fall dokumentiert, wie wichtig eine Patientenverfügung auch schon in frühen Jahren sein kann. Wir wissen weder wie noch wann ein gefährliches Ereignis für unser Leben eintreten kann. Im Zweifelsfall ist das Vorhandensein eines schriftlich niedergelegten Willens besser, als wenn sich Familienangehörige über den mutmaßlichen Willen des Patienten einigen müssen.

Der Streit um Terri Schiavo geriet weltweit in die Schlagzeilen und löste auch in Deutschland heftigste kontroverse Reaktionen aus. Das Schicksal von Wachkomapatienten rückte in das Blickfeld der Öffentlichkeit, da sich durch das Einstellen der künstlichen Ernährung die grundsätzlichen Fragen des Lebensendes stellten:

– Wie gehen wir in Zukunft als westliche Gesellschaft mit Sterbenden um?
– Was ist ein menschenwürdiges Sterben angesichts der heutigen medizinischen Möglichkeiten, das Sterben auszudehnen?
– Müssen wir um jeden Preis so lange am Leben bleiben, wie es medizinisch möglich ist?
– Wann darf ein Mensch sterben?

Am 18. März 2005 brachen die Ärzte in Florida die künstliche Ernährung der inzwischen 41-jährigen Frau ab. Alle Versuche der Eltern, die bis zuletzt im Eilverfahren eine Wiederaufnahme der künstlichen Ernährung erzwingen wollten, scheiterten. Präsident Bush unterbrach sogar seinen Osterurlaub, um im Kongress ein Gesetz durchzupeitschen, welches den Fall vor die Bundesgerichte bringen sollte. Diese entschieden dann allerdings ebenfalls für Michael Schiavo.

Dass im Mittelpunkt der erbitterten Auseinandersetzung ein Mensch steht, der einst lachte, weinte, Kinder haben wollte, war nun durch den Eingriff der Regierung, die um erzkonservative Gruppen in der Bevölkerung buhlte, in den Hintergrund gerückt. Kritiker betrachteten die Einmischung des Kongresses als verfassungswidrigen Verstoß gegen die Gewaltenteilung im Lande. In mehreren Umfragen verurteilte jeweils eine beachtliche Mehrheit das Vorgehen des Kongresses und stellte sich auf die Seite des Ehemannes. So war der Fall Terri Schiavo zu einem Politikum geworden durch Präsident Bush, der als Gouverneur von Texas einst ein Gesetz durchbrachte, das es Kliniken gestattet, lebensverlängernde Maßnahmen zu unterlassen, wenn Patienten nicht in der Lage sind, für die Kosten aufzukommen.

Terri Schiavo starb am 31. März 2005 in Florida.

In den journalistischen Darstellungen des Falles wurde mit großen Schreckensbildern gearbeitet. Vor allem stand die Frage des Verhungerns und Verdurstens im Mittelpunkt der Spekulationen darüber, ob sie ihren Zustand noch bewusst wahrgenommen hat oder nicht. Die Art und Weise der jeweiligen Berichterstattungen zeigte aber auch, dass sich viele Journalisten weder mit Sterben und Tod bewusst auseinandergesetzt noch jemals Sterbende gesehen oder begleitet haben. Zum Verständnis des Falles ist es notwendig, die Hintergründe aus medizinischer und geistiger Sicht zu kennen.

## Medizinische Erkenntnisse zum Wachkoma

Nach allen bisherigen medizinischen Erkenntnissen verfügen Wachkomapatienten nicht mehr über ein funktionierendes Bewusstsein. Sie reagieren lediglich mit ihren Reflexen auf die Umwelt. Daher können sie kauen und schmatzen, auf Schmerzen reagieren, schlafen, greifen und lächeln.

In der öffentlichen Darstellung des Falles wurden meist Bilder aus einem zusammengeschnittenen Video veröffentlicht, welche den Eindruck erweckten, als sei Terri Schiavo mehr oder weniger bei Bewusstsein. Man konnte denken, dass sie möglicherweise jeden Moment zu sich kommen würde. Die Eltern, Robert und Mary Schindler, hielten Lächeln, Röcheln und Augenbewegungen für den Beweis, dass das Gehirn ihrer Tochter partiell eben doch noch funktionierte. Die Ärzte und auch das Gericht waren jedoch übereingekommen, dass ihr Gehirn irreversibel geschädigt war. Deswegen hatte ihre Seele auch nicht mehr die Wahl, in ihren Körper zurückzukehren.

Ursache eines Wachkomas sind eine kurzzeitige Sauerstoffunterversorgung oder Durchblutungsstörungen des Gehirns durch Herzstillstand oder Hirnblutung. Durch diese Unterversorgung sterben Nervenzellen in der Hirnrinde ab. In der Regel ist es nach fünf Minuten nicht mehr möglich, einen Menschen gesund und ohne bleibende Schäden zu reanimieren. Die Nahtoderfahrungen ereignen sich in den meisten Fällen in dieser winzigen Zeitspanne. Wenn die Unterversorgung des Gehirns länger als fünf Minuten andauert, sterben so viele Zellen ab, dass sich die Patienten davon nie wieder erholen.

Durch die verfeinerten technischen Möglichkeiten der Reanimation werden jährlich sehr viele Wachkomapatienten regelrecht produziert. Besonders wenn es sich um jüngere Menschen handelt, wird eine Wiederbelebung oft über alle Grenzen hinweg betrieben. Die Frist, aus einem Wachkoma ohne bleibenden Schaden aufzuwachen, endet nach drei Monaten. Alle Informationen über die Erlebnisse von Menschen während eines Komas stammen von denjenigen, die innerhalb dieser Frist wieder zu sich gekommen sind.

Professor Karl Einhäupl, Leiter der Neurologischen Klinik der Charité, sagte dazu: «Angehörige von Langzeitpatienten schöpfen Hoffnung aus Fällen, bei denen es nach jahrelangem Koma angeblich zu einer ‹Heilung› kam. Dabei handelte es sich aber fast immer um Kranke, die überhaupt nicht im Wachkoma gelegen hatten. In seltenen Fällen fangen Patienten wieder an zu kommunizieren, aber nicht nach 15 Jahren, auch nicht nach fünf Jahren, um es ganz klar zu sagen.»

Dann fährt Professor Einhäupl fort und trifft die wichtige Aussage: «Wenn das Leben des Wachkomapatienten nicht künstlich verlängert wird, ist der Tod kein qualvoller Vorgang des Verdurstens und Verhungerns. Die meisten Patienten schlafen einfach ein. Wichtig ist es zu wissen, dass der Patient nicht im eigentlichen Sinne verdurstet, sondern dass durch den Flüssigkeitsmangel verschiedene Stoffwechselvorgänge entgleisen und der Blutdruck schließlich abfällt.»[7]

In der Berichterstattung über den Schiavo-Fall wurden von außen gesehen das Verhungern und Verdursten der Patientin als besonders schrecklich dargestellt. Professor Karl Einhäupl lässt in dem obigen Zitat schon anklingen, dass der Tod eines Wachkomapatienten keineswegs so qualvoll ist, wie die meisten glauben. Insofern ist es sehr wichtig zu wissen, was am Ende unseres Lebens geschieht.

Wir ignorieren den Fakt, dass Patienten am Ende des Sterbeprozesses keine Nahrung mehr zu sich nehmen wollen, oft schon Wochen vor dem eigentlichen Tod. Wenn wir dann in den natürlichen Ablauf eingreifen und einen Sterbenden auch gegen seinen Willen künstlich durch eine Magensonde ernähren, kann sich die Seele nicht vom Körper lösen. Dadurch wird aber nicht das Leben, sondern das Sterben verlängert.

In der Nähe des Todes nehmen viele ab einem bestimmten Zeitpunkt auch keine Flüssigkeit mehr zu sich. Deswegen wird von Sterbebegleitern oder Angehörigen der Mund befeuchtet. Durch den Flüssigkeitsverlust versagt am Ende der Stoffwechsel, da über die Nieren keine Giftstoffe mehr ausgeschieden werden. Der Patient hört irgendwann einfach auf zu atmen. Diese Art von Auszehrung steht am Ende vieler schwerer Leiden und Sterbeprozesse und ist aus medizinischer Sicht als *normaler* Tod zu verstehen.

Eine Ärztin führte aus: «Wenn ein hochbetagter Mensch an Altersschwäche stirbt, hört er irgendwann auf zu essen und zu trinken. Eine 90-Jährige, die nach einem Schlaganfall nur noch leidenslindernd behandelt wird, anstatt sie schwerstbehindert künstlich am Leben zu erhalten, bekommt keine Nahrung mehr. Sie würde den Organismus nur belasten. Krebspatienten nehmen auch bei Bewusstsein oft zum Schluss nichts mehr zu sich.

Die Alzheimerkrankheit führte früher rascher zum Tod, weil mit zunehmendem Verfall auch Hunger und Durst verschwinden, eine barmherzige Einrichtung der Natur. Menschen, die ins Wachkoma gerieten, starben über Jahrtausende innerhalb kurzer Zeit – bis es in den 80er Jahren zur Anwendung der PEG-Magensonde kam.»[8]

## Erkenntnisse der Sterbeforschung

In allen Diskussionen über menschenwürdiges Sterben und welche Wahrnehmungen Wachkomapatienten noch haben, wird das Wissen über die inneren Vorgänge beim Sterben ignoriert. Wie in meinen Büchern ausführlich dargestellt, ist der Verlauf des Sterbeprozesses durch eine Lockerung der Seele vom Körper gekennzeichnet. Je näher der Tod kommt, umso mehr erlebt der Sterbende eine Bewusstseinserweiterung und befindet sich außerhalb seines Körpers.

Im Koma beziehungsweise im Wachkoma befindet sich der Betroffene in einem Zwischenzustand, einer Grauzone zwischen Leben und Tod. Die Seele befindet sich außerhalb des Körpers, bleibt aber gleichzeitig noch mit dem Körper verbunden. Das liegt daran, dass die Silberschnur, die Körper und Seele miteinander verbindet, nicht endgültig durchtrennt ist. Erst wenn diese Verbindung gerissen ist, kann die Seele nicht mehr in den Körper zurückkehren.

Das ist das grundsätzliche Dilemma, wenn wir künstlich in die Sterbeprozesse eingreifen. Wir verhindern dadurch, dass ein Mensch sterben kann, und gleichzeitig halten wir ihn in einem Zwischenzustand fest. Darüber hinaus kann die Seele nicht mehr frei entscheiden, ob sie leben will oder nicht. Wenn das Gehirn irreversibel geschädigt ist, hat die Seele dabei die Möglichkeit der Wahl verloren. Das Bewusstsein befindet sich außerhalb des Körpers in der Zeitlosigkeit und ist dadurch schmerzfrei.

Da kein Tod zufällig ist, geht dem Sterben des Menschen ein innerer Seelenentscheid voraus. Bei einem Komapatienten handelt es sich um eine Seele, die sich nicht entscheiden kann, ob sie leben will oder nicht. Wir wissen durch Forschungen und wieder erwachte Patienten, dass das Koma ein veränderter Bewusstseinszustand ist, in dem die Betroffenen an sich arbeiten und fähig sind, den Zeitpunkt ihres Todes selbst zu bestimmen. Der Psychologe Arnold Mindell schreibt dazu:

«Das hier vorgetragene Fallmaterial macht deutlich, dass Menschen im Koma nicht notwendigerweise leiden. Solche Menschen sind nicht einfach hirnverletzte Dahinvegetierende unter Sauerstoffmangel mit einer Störung des limbischen Systems, die durch Endorphine oder ähnliche Substanzen ausgelöst worden ist; noch sind sie Maschinen, deren Zentralnervensystem durch außergewöhnliche körperliche Belastungen überreizt ist und wahllos Halluzinationen und Visionen produziert. Vielmehr sind es wache Menschen, die durch ein bedeutungsvolles Stadium ihres Individuationsprozesses hindurchgehen.»[9] An späterer Stelle fährt er fort: «Die meisten Sterbenden brauchen Hilfe und Unterstützung, um die überwältigenden Geschehnisse, die sich ereignen wollen, in ihrer Ganzheit erfahren zu können. Veränderte Bewusstseinszustände bringen uns durcheinander und verwirren uns, wenn wir keine Hilfe haben. Wir deuten die Signale der Menschen in veränderten Bewusstseinszuständen falsch und glauben, sie seien Zeichen von Schmerzen, Medikamentenwirkung oder Leiden. Oder wir meinen, sie schwebten voller Frieden in eine andere Welt hinüber, während sie in ihrer Verlassenheit intensiv nach den Lösungen des Lebens suchen.»[10]

Menschen, die aus einem Koma zurückgekehrt sind, gaben stets zu Protokoll, dass sie genau wahrgenommen haben, wer sich im Zimmer aufgehalten hat und was gesprochen wurde. Komaerfahrungen sind traumartige Reisen innerhalb der physischen Realität, wobei Verstorbene und Lebende nebeneinander auftreten. Der Sinn liegt in der Bewältigung unerledigter Lebenskonflikte. Sie berichten davon, die Wahl zu haben, ins Licht zu gehen oder in den Körper zurückzukehren. Die Seele muss sich entscheiden. Durch künstliche Eingriffe aber entscheiden immer häufiger Ärzte darüber, ob ein Mensch leben oder sterben darf. Die Seele wird in einer Grauzone gehalten. Sie kann weder gehen noch in den Körper zurückkehren. Und das halte ich für ein gewaltiges und verkanntes Dilemma!

## Der Tod von Papst Johannes Paul II.

Wenn wir die Bedeutung des öffentlichen Sterbens von Papst Johannes Paul II. wirklich erfassen wollen, ist es notwendig, sich zunächst mit seinen Schriften über Tod und Auferstehung während seiner langen Amtszeit auseinanderzusetzen. Es lässt sich ohne Übertreibung sagen, dass noch nie zuvor in der Geschichte das Sterben eines Papstes dermaßen vor den Augen der Weltöffentlichkeit und in allen Medien stattfand wie bei Johannes Paul II.

Aus seinen persönlichen Niederschriften und seinem Testament, das kurz nach seinem Tod in voller Länge als Buch erschienen ist, lässt sich ersehen, dass der Papst an seinem Lebensende eine große geistliche Aufgabe zu erfüllen hatte. Sein Sterben war eine göttlich bestimmte Fügung.

Bereits im März 1980 schrieb der Papst in seinem geistlichen Testament: «Im Leben wie im Tod ‹Totus Tuus› (‹Ich bin ganz dein›; Anm. d. Verf.) durch die unbefleckt Empfangene. Ich akzeptiere schon jetzt diesen Tod und hoffe, dass Christus mir die Gnade für den letzten Übergang, das heißt für (mein) Ostern, geben möge. Ich hoffe auch, dass er ihn für diese wichtige Sache gewinnbringend machen wird, der ich zu dienen versuche: das Heil der Menschen, die Bewahrung der Menschheitsfamilie und darin aller Nationen und Völker.»[11]

Der Papst weiht hier sein Leben und Sterben der Jungfrau Maria und gibt der Hoffnung Ausdruck, dass sein persönliches Sterben zum Heil der Menschheit beitragen wird. Bemerkenswert ist auch, das Johannes Paul II. hier von seinem Ostern spricht. Tatsächlich hat sich das Sterben des Papstes vor dem Hintergrund der Kar- und Osterwoche 2005 zugetragen. In diesen Tagen gedenkt die gesamte Christenheit des Leidens, Sterbens und der Auferstehung Jesu Christi. Dabei symbolisiert der Tod am Kreuz und die drei Tage später erfolgte Auferstehung Jesu die Heilserwartung der Christenheit schlechthin.

Es war diesem Papst bestimmt, seine Verbundenheit mit Jesu Tod am Kreuz als Zeichen eines würdevollen Sterbens in die Welt zu tragen. In seiner Grußbotschaft zum Karfreitag 2005 schrieb er: «Ich biete euch mein Leiden an, damit das Projekt Gottes verwirklicht werden kann und damit sein Wort einen Weg zu den Menschen finden kann.»[12]

Am Abend des gleichen Tages konnte der geschwächte Papst nicht am traditionellen Kreuzweg im Kolosseum teilnehmen. Alle Fernsehbilder der Welt zeigten ihn an diesem Abend von hinten in seinen Gemächern. Er verfolgte die Prozession auf einem Bildschirm und drückte dabei das leidende Gesicht an ein Kreuz, das er in den Händen hielt. Das kann durchaus als Ausdruck seiner persönlichen Heilserwartung interpretiert werden. Der Papst ahnte, dass sein Tod unmittelbar bevorstand. Die Karfreitagspassion ist von alters her das Symbol des menschlichen Leidensweges und Sterbens, aber auch das des Heils. Diesen Weg gehen wir alle. Dass Johannes Paul II. zutiefst an ein Leben nach dem Tod glaubte, drückte er immer wieder in seinen Schriften während des gesamten Pontifikats aus. In seinem «Brief an die alten Menschen» vom 1. Oktober 1999 schreibt er:

«Gleichzeitig empfinde ich einen großen Frieden, wenn ich an den Augenblick denke, in dem der Herr mich zu sich rufen wird: vom Leben ins Leben! Darum kommt mir häufig, ohne jeden Anflug von Traurigkeit, ein Gebet auf die Lippen, das der Priester nach der Eucharistiefeier spricht: In hora mortis meae voca me, et iube me venire ad te – in der Stunde des Todes rufe mich und lass mich zu dir kommen. Das ist das Gebet der christlichen Hoffnung, das der Freude über die gegenwärtige Stunde keinen Abbruch tut, während es die Zukunft dem Schutz der göttlichen Güte anheimstellt …

Wenn der Augenblick des endgültigen ‹Übergangs› gekommen ist, lass uns ihn mit heiterem Herzen antreten, ohne dem nachzutrauern, was wir zurücklassen. Denn wenn wir nach langer Suche dir begegnen, werden wir jeden echten Wert wieder finden, den wir hier auf Erden erfahren haben. Auch werden wir alle jene wieder treffen, die uns vorausgegangen sind im Zeichen des Glaubens und der Hoffnung.

Und du, Maria, Mutter der pilgernden Menschheit, bitte für uns ‹jetzt und in der Stunde unseres Todes›. Drücke uns immer fest an Jesus, deinen geliebten Sohn und unseren Bruder, den Herrn des Lebens und der Herrlichkeit.

Amen!»[13]

Das ganze öffentliche Sterben des Papstes war von diesem tiefen Gottesglauben geprägt. Er blickte seinem Tod ohne Angst ins Gesicht. Indem er sich nicht versteckte und sein Leiden mit der ganzen Welt teilte, lebte er absolut authentisch. Über den Übergang von dieser in die andere Welt hatte er 1999 auf einer Generalaudienz in Rom Folgendes zum Ausdruck gebracht:

«Man darf allerdings nicht glauben, dass das Leben nach dem Tod erst mit der endzeitlichen Auferstehung beginnt. Dieser geht in der Tat jener spezielle Zustand voraus, in dem sich jeder Mensch vom Augenblick des physischen Todes an befindet. Es handelt sich um eine Übergangsphase, bei welcher der Auflösung des Leibes die Fortdauer und Subsistenz eines geistigen Elementes ‹gegenüberstehen›, das mit Bewusstsein und Willen ausgestattet ist, sodass das ‹Ich des Menschen› weiterbesteht, wobei es freilich in der Zwischenzeit seiner vollen Körperlichkeit entbehrt.»[14]

Damit drückte Papst Johannes Paul II. nichts anderes aus, als dass wir unmittelbar nach unserem Übergang in die andere Welt mit einem individuellen Ich und Bewusstsein ausgestattet sind. Das wiederum ist die Quintessenz der Sterbeforschung. Seine Aussage deckt sich mit Millionen von Menschen, die Nahtoderfahrungen gemacht haben. Wir brauchen den Tod nicht zu fürchten.

Johannes Paul II. war in seinen letzten Lebensjahren zu einem öffentlichen Bildnis des Leidens geworden. Das Kirchenoberhaupt litt schon seit einigen Jahren fortschreitend an der Parkinson'schen Krankheit. Der sichtbar werdende Alterungsprozess zeigte sich in einer zunehmenden Gebrechlichkeit seines Körpers und in der Brüchigkeit seiner Stimme. Bis zuletzt trat er allerdings nicht von seinem Amt zurück. Das machte ihn für viele Menschen, besonders jugendliche, sehr glaubwürdig.

Anfang 2005 verschlechterte sich der Gesundheitszustand von Papst Johannes Paul II. dramatisch. Am 24. Februar 2005 musste er sich in einer Klinik einem Luftröhrenschnitt unterziehen. Am 13. März kehrte er in den Vatikan zurück. Zu schwach, um an den Feierlichkeiten der Kar- und Osterwoche persönlich teilzunehmen, winkte er aber gelegentlich der Menge von seinem Fenster zu. In jenen Tagen blickten die Augen der ganzen Welt nach Rom und wurden zum unmittelbaren Zuschauer des Sterbens eines 84-jährigen Mannes.

Im Angesicht seines nahenden Todes bewegte sich der Papst nur noch zwischen seinem Bett, einem Lehnstuhl und seinem Fenster zum Petersplatz. Er zog sich bis zum letzten Atemzug nicht zurück und blieb in Kommunikation mit der Menge, die sich von Tag zu Tag vergrößerte. Damit gab er der gesamten Menschheit ein Lehrbeispiel für einen würdigen Tod: Er vermittelte jungen und alten Menschen, kranken und leidenden, unabhängig von Religionen und Kulturen, dass Sterben einen Sinn hat und dass es noch im größten Leiden Hoffnung gibt.

Das Osterfest 2005 wird der Menschheit noch lange in Erinnerung bleiben, da parallel zum Sterben des Papstes die kontroverse Diskussion um die Einstellung der künstlichen Ernährung bei Terri Schiavo geführt wurde. Die Welt wurde dadurch gleichzeitig mit zwei völlig unterschiedlichen Sterbevorgängen konfrontiert: in Amerika die Wachkomapatientin, die keine eigene Entscheidung mehr treffen kann, in Rom der Papst, der die Umstände seines Sterbens in seinen Schriften vorweggenommen hat. Kurz vor seinem Tod ließ er verlautbaren, dass er nicht mehr in die Klinik gehe, wo er eine Magensonde bekommen sollte. Johannes Paul II. starb einen selbstbestimmten Tod.

Am Ostersonntag, dem 25. März 2005, wollte der Papst den Segen «Urbi et orbi» spenden. In einer bewegenden Szene versuchte er, zu Hunderttausenden zu sprechen, doch es gelang ihm nicht. Das Kirchenoberhaupt war verstummt. Viele anwesende Pilger brachen in Tränen aus. Wenige Tage später versuchte er erneut, Worte an die Menschen zu richten, doch wieder kam kein Ton aus seiner Kehle. Das Verstummen des Sterbenden wurde zum Symbol für die Würde aller Sterbenden.

Am 31. März verschlechterte sich der Gesundheitszustand von Papst Johannes Paul II. Er erhielt die Letzte Ölung, die Krankensalbung. Hunderttausende strömten in den folgenden Tagen nach Rom, und Milliarden von Menschen auf der ganzen Welt verfolgten die Ereignisse durch die Medien. Vor allem Jugendliche befanden sich auf dem Petersplatz. Der sterbende1 Papst war sich ihrer Anwesenheit sehr wohl bewusst. Ein Priester las ihm am 31. März von den Lippen ab: «Ich habe euch gesucht, jetzt seid ihr zu mir gekommen, und ich danke euch.»[15]

Hier schloss sich der Kreis für einen Papst, der in die ganze Welt gereist war, um den Jugendlichen die Existenz Gottes zu vermitteln. Zu diesem Zeitpunkt hofften noch Hunderttausende, dass er im August nach Köln zum Weltjugendtag kommen würde. Einen Tag vor seinem Tod berichtete Kardinal Camillo Ruini, dass der Papst Gott schon berührt habe. Damit wurde zum Ausdruck gebracht, dass er nach allen seinen Kämpfen und Anstrengungen die Gegenwart des Heiligen spürte. Er konnte nun seine letzten Ängste loslassen und sich ganz in die Hand des EWIGEN geben.

Der Papst war vollendet, konnte loslassen und in Frieden sterben. Die Liebe, die beim Sterben aus der anderen Welt herüberstrahlt, wird fassbar. Noch an seinem Todestag schrieb Johannes Paul II. eine letzte Botschaft für seine engsten Mitarbeiter. Die Anwesenden wussten, dass es bis zu seinem Tod nur noch wenige Stunden dauern würde. Zwar in krakeliger Schrift, aber doch in deutlich erkennbaren Lettern hatte Johannes Paul II. die Botschaft verkündet: «Ich bin froh – seid ihr es auch!»[16]

Das war die Wahrheit seiner letzten Stunden, da niemand auf dem Sterbebett lügt. Diese Lektion über Sterben und Tod löste weltweit ein ungeheures Echo aus, da sie viele Menschen ins Herz traf: Wir können sterben und müssen schlimme Schmerzen erdulden, und doch können wir gleichzeitig fröhlich sein; wir brauchen keine Angst vor dem Tod zu haben, da wir in Gottes Hände fallen.

Johannes Paul II. lebte in mystischer Verbundenheit mit Christus und Maria. Der Himmel fügte in jenen Ostertagen, dass eine unsichere Menschheit, die nur noch wenig an Gott glaubt, durch den sterbenden Papst die Bewusstwerdung erlangt, dass wir in allem unserem Leiden getragen werden. Diese freudige Erkenntnis kann man auch so ausdrücken: Während wir noch weinen, ist schon Freude da.

Kurz vor seinem Tod, am 2. April 2005, um 21.37 Uhr, habe sich der Papst noch einmal der betenden Menge auf dem Petersplatz zugewandt. Als das Rosenkranzgebet für ihn verstummte, sagte er als letztes Wort: «Amen.» Kurz darauf starb er.

Die Furchtlosigkeit angesichts seines bevorstehenden Endes akzeptierte Papst Johannes Paul II. in einer Würde, die Millionen Menschen zutiefst berührte. Das Unerwartete war die Freude, die er zeigte. Papst Johannes Paul II. wurde zum Symbol für ein würdiges Sterben, das über die Zeiten weiterwirken wird. Seine Beerdigung war die wohl größte Trauerfeier in der Geschichte der Christenheit. Der Papst lebte authentisch in der Nachfolge Jesu Christi und wurde durch seinen langen Leidensweg zu einer Galionsfigur der Hoffnung für alle Leidenden und Sterbenden dieser Welt.

# 3. Kapitel

# Die Situation Sterbender und die Notwendigkeit einer Patientenverfügung

## Neue Regelungen der Patientenverfügung

Die Grenzfragen des Lebens betreffen jeden Einzelnen von uns in existenzieller Weise, insbesondere die Frage, inwieweit der Mensch über sein Lebensende selbst bestimmen kann. Eine Möglichkeit der Regelung dieser letzten Fragen sind die Patientenverfügungen: Immer mehr Menschen wollen schriftlich sicherstellen, dass sie am Ende ihres Lebens nicht unnötig leiden müssen.

War bislang ein Sterben in Würde Verhandlungssache zwischen Ärzten und Angehörigen, so sollen künftig verstärkt die Gerichte entscheiden. Nach einem Grundsatzurteil des Bundesgerichtshofes (BGH) vom 7. März 2003 soll, wenn sich Ärzte und Angehörige über die Rechtmäßigkeit einer Verfügung nicht einig sind, das Vormundschaftsgericht entscheiden. Nach höchstrichterlicher Rechtsprechung setzt eine zulässige Sterbehilfe in Deutschland voraus, dass

– das Leiden eines Kranken nach ärztlicher Überzeugung unumkehrbar und keine Besserung zu erwarten ist und
– dass das Leiden bereits einen tödlichen Verlauf angenommen hat und der Tod in Kürze zu erwarten ist.

Nur dann ist es dem Arzt erlaubt, auf lebensverlängernde Maßnahmen, wie beispielsweise die künstliche Beatmung oder die künstliche Ernährung, zu verzichten. Bei dieser Entscheidungsfindung ist eine Patientenverfügung eine wichtige Hilfe. Ausgangspunkt für diese BGH-Entscheidung war der Fall eines 70-jährigen Mannes:

Im November 2000 war dieser Mann nach einem Herzinfarkt ins Koma gefallen und seitdem nicht mehr ansprechbar. Er wurde künstlich durch eine Magensonde ernährt. Im April 2001 stellte der Sohn im Einvernehmen mit der Ehefrau und seiner Schwester den gerichtlichen Antrag, die künstliche Ernährung einzustellen, damit sein Vater nicht länger leiden muss und sterben kann. Der Betroffene selbst hatte bereits 1998 eine Patientenverfügung hinterlegt, wonach er keinerlei Intensivbehandlung wünschte und lediglich Medikamente gegen die Angst und die Schmerzen forderte. Der Fall wanderte vom Vormundschaftsgericht zum Landgericht und dann zum Oberlandesgericht. Alle Institutionen lehnten den Abbruch der lebenserhaltenden Maßnahme, also der künstlichen Ernährung, ab, da es sich hierbei um keinen Heileingriff handele, sondern den Tod des Mannes zur Folge hätte. Schließlich kam der Fall zum Bundesgerichtshof.

Das Schicksal des Betroffenen ist in Deutschland eine Grauzone. Es gibt bisher keine Klarheit und keine Rechtssicherheit zur Durchsetzung des Willens eines einwilligungsunfähigen Patienten, weder für die Ärzte und das Pflegepersonal noch für einen möglichen Betreuer.

Grundsätzlich gilt, dass jeder ärztliche Eingriff von der Einwilligung des Patienten abhängig ist. Ohne wirksame Einwilligung handelt es sich bei jeder medizinischen Maßnahme um Körperverletzung. Somit geht es um die persönliche Entscheidungsfreiheit des Patienten. Diese gilt auch am Lebensende, da die Würde des Menschen, die im Artikel 1 des Grundgesetzes verankert ist, auch das Recht auf einen würdigen Tod beinhaltet. Ein Mensch hat niemals eine Lebenspflicht! Das überschneidet sich im Fall des Lebensendes nicht mit dem grundsätzlichen Recht auf Leben. Im Mittelpunkt der Entscheidung des BGH stand also die Selbstbestimmung des Menschen.

Das Gericht entschied, dass der Wille eines Menschen über

sein Lebensende, wenn er es in einer Patientenverfügung bestimmt hat, respektiert werden soll. So wurde dem 70-jährigen Mann nach langem Hin und Her die Magensonde entfernt. Kurz darauf starb er friedlich. Auch wenn das Patiententestament schon vor Jahren geschrieben wurde, ist der Wille des Betroffenen ausschlaggebend.

In Konfliktfällen zwischen Angehörigen und Ärzten soll das Vormundschaftsgericht entscheiden. Damit erhält auch ein Betreuer Rechtssicherheit für seine Entscheidung über das Leben eines Menschen. Somit können auch Ärzte über den Tod eines Menschen in gewisser Weise mitbestimmen. Die Auseinandersetzung mit dem Willen eines Betroffenen bildet die Grundlage für alle zu treffenden Entscheidungen. Nur wenn dieser Wille einwandfrei zu ermitteln ist, haben Angehörige oder der Betreuer die Chance, dass eine Intensivbehandlung eingestellt wird. In Deutschland handeln Ärzte legal, wenn sie nach der sorgfältigen Prüfung eines Falles zu der Einschätzung gelangen, dass der Patient den Behandlungsabbruch gewollt hätte. Dann wird eine erlaubte Form der Sterbehilfe vollzogen. Dabei heißt die Grundsatzfrage, was ein Patient angesichts einer schweren Krankheit wirklich gewollt hätte. Wenn aber der mutmaßliche Wille eines Patienten nicht eindeutig zu ermitteln ist, hat im Zweifelsfall die Lebenserhaltung absoluten Vorrang.

In Deutschland würde der Behandlungsabbruch bei der Wachkomapatientin Terri Schiavo voraussetzen, dass ihr Leiden irreversibel ist und zum Tod führt. Das ist aber bei einer Wachkomapatientin nicht der Fall, da sie in diesem Zustand noch jahrelang weiterleben kann. Hinzu käme, dass der Wille der Patientin wahrscheinlich nicht als eindeutig gewertet werden würde. Nur wenn eine klare Patientenverfügung vorliegt, ist nach deutschem Recht ein Behandlungsabbruch möglich. In diesem Zusammenhang möchte ich folgenden ähnlich gelagerten Fall anführen:

Ein 42-jähriger Mann erlitt im Januar 2005 einen Herzinfarkt. Bis der Notarzt kam, vergingen 14 Minuten. Der Arzt versuchte

Dutzende Male, den Mann zurückzuholen. Als sein Herz schließlich wieder schlug, war sein Bewusstsein erloschen, und der Mann fiel ins Wachkoma. Auftretende Krämpfe ließen auf eine schwere Hirnschädigung schließen, und alle durchgeführten Untersuchungen ergaben keine Aussicht auf Besserung. Seine Ehefrau wusste, dass ihr Mann in keinem Fall ohne Bewusstsein und mitteilungsunfähig dahinvegetieren wollte. Das hatte er nach dem Herzinfarkt seines Schwiegervaters eindeutig geäußert. Da auch seine Mutter dies bestätigte, besprachen sich die beiden Frauen mit den behandelnden Ärzten. Obwohl der Mann nichts Schriftliches hinterlassen hatte, blieb kein Zweifel an seinem Willen. Daraufhin wurde die künstliche Ernährung eingestellt, und der Mann konnte sterben.[17]

Es gibt in Deutschland jedes Jahr Dutzende von Fällen, in denen das Sterben von Wachkomapatienten zugelassen wird. Die «Richtlinien der Bundesärztekammer zur Sterbebegleitung» von 2004 nehmen auf diese Möglichkeit sogar Bezug: Die betroffenen Patienten hätten ein Recht auf Behandlung, Pflege und Zuwendung, unter der entscheidenden Prämisse der «Beachtung des geäußerten Willens oder mutmaßlichen Willens». Damit schließt die Ärzteschaft in Einzelfällen nicht aus, die Behandlung eines Wachkomapatienten zu beenden. Und doch bleibt die Rechtslage in Deutschland undurchsichtig, da ein eindeutiges Gesetz, welches die Patientenverfügung juristisch absichert, nach wie vor fehlt.

In einem Gesetzesentwurf der Justizministerin Brigitte Zypries vom November 2004 sollte festgelegt werden, ob und wann der Wille, den ein nicht einwilligungsfähiger Patient früher geäußert hat, gilt. Die Ministerin wollte dabei auch mündliche Aussagen zulassen, selbst wenn diese lange zurückliegen. Die Behandlung könnte selbst dann eingestellt werden, wenn eine Besserung möglich ist, sollte dies dem Willen des Patienten entsprechen.

Dieser sehr liberale Gesetzentwurf musste aufgrund scharfer Kritik seitens der Kirchen, der Ärzteverbände und sogar der Ethikkommission des Bundestages zurückgezogen werden. Die Vorschläge gingen vielen zu weit, da befürchtet wurde, dass der Wille von Patienten, die leben wollen, missachtet werden könnte. Andere fürchteten einen Dammbruch in Richtung aktiver Sterbehilfe oder einen Missbrauch durch Angehörige. In jedem Fall sind sich alle Parteien einig, dass aktive Sterbehilfe in Deutschland verboten bleiben wird. Passive Sterbehilfe, also die Beendigung lebenserhaltender Maßnahmen oder die Gabe hoher Dosen von Schmerzmitteln, selbst wenn diese das Leben verkürzen, ist erlaubt.

Angesichts der Überalterung der Gesellschaft, des dramatischen Pflegenotstandes in Deutschland, der Zunahme von Alzheimer- und Demenzerkrankungen werden gewaltige Kostenlawinen auf unser ohnehin schon gebeuteltes Gesundheits- und Pflegesystem zurollen. Daneben vegetieren Abertausende von Menschen in Heimen und Krankenhäusern vor sich hin, weil wir sie nicht sterben lassen. Durch eine vernünftige rechtliche Regelung der Patientenverfügungen gilt im Fall einer Schwersterkrankung der vorher festgelegte Einzelwille.

Der gesellschaftliche Umgang mit diesem sensiblen Thema wird in Zukunft darüber entscheiden, ob ein würdevolles Sterben in Deutschland überhaupt noch möglich sein wird. Durch die erhöhte Lebenserwartung droht allen europäischen Staaten ein Kollaps der Sozialsysteme. Schon jetzt wird in Europa die Frage gestellt, ob bei hochbetagten Menschen noch Operationen oder weitergehende medizinische Maßnahmen eingesetzt werden sollen. Als Konsequenz des Kostenstreites im Gesundheitswesen forderte die Deutsche Gesellschaft für Innere Medizin im April 2005 auf ihrem Jahreskongress eine breite Diskussion über «Rationierungen». Den Ärzten steht durch die Gesundheitsreform nur ein begrenztes Budget zur Verfügung, wodurch sich beispielsweise die Frage stellen kann, ob ein alter oder ein junger Mensch operiert werden soll.

Alle diese Tendenzen zeigen auf, dass früher oder später eine Kosten-Nutzen-Diskussion einsetzen wird. Darüber hinaus ist in Europa die aktive Sterbehilfe auf dem Vormarsch. Wegen der enormen Kosten am Ende des Lebens fürchte ich, dass es einen Dammbruch geben könnte, wenn die bestehenden Sozialsysteme kollabieren. Das könnte im extremsten Fall dazu führen, dass Patiententötungen vorgenommen werden. In diesem überaus wichtigen Gesamtzusammenhang möchte ich daher kurz die Diskussion um die Sterbehilfe in Europa zusammenfassen.

## Die Sterbehilfebewegung in Europa

Der Begriff «Euthanasie» wurde früher mit einem «guten Tod» gleichgesetzt. In den heutigen Diskussionen meint er ärztliche Maßnahmen zur Lebensverkürzung und Leidensminderung. Unter dem Begriff «aktive Sterbehilfe» ist in diesem Zusammenhang die Tötung auf Verlangen gemeint, also die gezielte Herbeiführung des Todes eines Patienten, zum Beispiel durch Medikamente, Gifte oder hohe Dosen Morphium. In Deutschland ist aktive Sterbehilfe verboten und nach Paragraph 216 StGB strafbar. Beihilfe zur Selbsttötung oder assistierter Suizid ist die Hilfe bei der vom Patienten ausgeführten Selbsttötung durch Beschaffung eines tödlichen Mittels oder auch durch das Anlegen einer tödlichen Infusion, die der Patient dann selbst in Gang setzt.

Als erstes Land der Welt genehmigten die *Niederlande* am 10. April 2001 ein Euthanasiegesetz. Demnach dürfen Ärzte straffrei Todkranke ab dem 12. Lebensjahr mit einer Spritze von ihren Leiden erlösen. Dabei müssen jedoch bestimmte Sorgfaltskriterien eingehalten werden. Voraussetzung für eine Tötung auf Verlangen ist, dass der Wunsch eines Patienten nach vorzeitiger Lebensbeendigung wohlüberlegt, freiwillig und dauerhaft ist. In den Richtlinien zur ärztlichen Durchführung der Euthanasie in den Niederlanden heißt es weiter, dass

- der Patient ein unerträgliches (nicht notwendig körperliches) Leiden erduldet und keine Aussicht auf Besserung besteht,
- keine anderen medizinischen Möglichkeiten bestehen, die Situation des Patienten zu erleichtern,
- der Patient über seine Situation vollständig aufgeklärt ist,
- ein unabhängiger Kollege die Diagnose und Prognose des behandelnden Arztes bestätigt hat.[18]

In den Niederlanden muss also nicht eine irreversible tödliche Erkrankung die Voraussetzung für Sterbehilfe sein. Das Leiden muss nicht einmal körperlicher Natur sein, sondern auch psychische Erkrankungen, wie beispielsweise eine schwere Depression, würden den Wunsch nach aktiver Sterbehilfe ausreichend legitimieren. Wenn ein Patient zu einer Zustimmung nicht mehr in der Lage ist, kann er auch aufgrund einer früheren mündlichen Äußerung ohne persönliche Einwilligung getötet werden.

Mittlerweile werden in den Niederlanden Tausende von Menschen jährlich gegen ihren Willen getötet. Der sogenannte «Remmeling-Report» belegte schon 1995, dass Menschen gegen ihren Willen getötet wurden.[19] In einer Befragung gaben Ärzte zu Protokoll, dass die Betroffenen manchmal nicht gefragt wurden. Andere Ärzte nannten Sinn- und Aussichtslosigkeit oder sogar die Unfähigkeit von Angehörigen, mit der Situation umzugehen, als Tötungsgründe. Daneben kann der Wunsch nach vorzeitiger Lebensbeendigung vor allem von den Angehörigen ausgehen. Die Einstellung der künstlichen Ernährung gilt in den Niederlanden nicht als Sterbehilfe, sondern als normaler und natürlicher Tod. Die Entscheidung darüber liegt in der Hand der Ärzte.

Im Nachbarland *Belgien* ist die aktive Sterbehilfe im September 2002 legalisiert worden. Das Gesetz gilt als äußerst liberal. Dauerhaftes, unerträgliches physisches oder psychisches Leiden ist eine ausreichende Grundlage zum Töten auf Verlangen, selbst wenn der Tod zeitlich noch nicht absehbar ist. In Belgien kann darüber hinaus auch eine nahestehende Person des Patienten über dessen Tod entscheiden, wenn der Patient dazu selbst nicht mehr in der Lage ist. Die Einstellung lebenserhaltender Maßnahmen wird auch in Belgien nicht als aktives Töten angesehen.

In der *Schweiz* ist aktive Sterbehilfe verboten. Allerdings ist die sogenannte Beihilfe zum Suizid straffrei, sofern ein Sterbehelfer keine eigennützigen Motive verfolgt. Es existiert kein Gesetz darüber, wie weit diese passive Sterbehilfe gehen kann. Das führte in der Schweiz zur Entstehung der beiden großen Freitodorganisationen «Dignitas» und «Exit», die auch Menschen aus dem Ausland ihre Hilfe beim Gang in den Tod anbieten. In den vergangenen Jahren entstand dadurch eine Art Sterbetourismus, über dessen Fragwürdigkeit in der Presse und im Fernsehen immer wieder kritisch berichtet wurde.

Diese Organisationen verschaffen unheilbar Kranken den Zugang zu einem tödlichen Medikament. Allerdings müssen die Betroffenen dafür teuer bezahlen. Zahlreiche Kritiker dieser Praxis erblicken in diesen Vorgängen ein Geschäft mit dem Tod. Die Schweizerische Akademie der Medizinischen Wissenschaft schlug aufgrund des sich ausbreitenden Wildwuchses vor, die Sterbehilfevereine unter staatliche Aufsicht zu stellen, da sie sich noch in einem rechtsfreien Raum bewegen.

In *Frankreich* ist aktive Sterbehilfe noch eine juristische Grauzone, obwohl das Französische Parlament im November 2004 fast einstimmig ein Gesetz verabschiedet hat, das Todkranken ein Recht auf ein würdiges Ableben zugesteht. Eine medizinische Behandlung darf demnach nicht in unvernünftiger Weise fortgesetzt werden. Ausgangspunkt war der Fall des Vincent Humbert, der ganz Frankreich beschäftigte.

Vincent hatte im Jahr 2000 einen schweren Autounfall. Er war dadurch blind, gelähmt und stumm geworden. Der junge Mann flehte den französischen Staatspräsidenten Jacques Chirac an, sterben zu dürfen. Die Franzosen waren erschüttert, als die

Mutter öffentlich zugab, ihrem Sohn beim Sterben geholfen zu haben. Daraufhin gestand der französische Gesundheitsminister zu, dass Ärzte im Einverständnis mit dem Patienten und dessen Angehörigen in bestimmten Fällen auf weitere Therapien verzichten dürfen, auch wenn dies zu einer Lebensverkürzung führt. Die aktive Sterbehilfe ist jedoch in Frankreich nicht erlaubt.

In *Großbritannien* entscheidet ein Gericht von Fall zu Fall darüber, ob eine Magensonde bei einem Sterbenden entfernt werden darf. 2004 entschied das Hohe Gericht für Familienangelegenheiten, dass Ärzte bei dem neun Monate alten Luke Winston-Jones die künstliche Beatmung einstellen durften, obwohl die Eltern dagegen geklagt hatten. Der Junge war mit einem genetischen Defekt geboren worden. Dadurch hatte er große Löcher im Herzen. Als sich sein Gesundheitszustand verschlechterte, ließen ihn die Ärzte im November 2004 sterben.

Britische Gerichte beschäftigten sich auch mit dem Fall der Charlotte Wyatt. Das 17 Monate alte Mädchen, das zu früh geboren wurde, litt seit seiner Geburt an einer schweren Hirn- und Lungenschädigung. Das Kind wurde schon dreimal wiederbelebt. Die behandelnden Ärzte forderten, beim nächsten Mal auf eine Reanimation verzichten zu dürfen. Die Eltern waren dagegen. Diese erkannten eine Besserung des Gesundheitszustandes ihres Kindes. Das Gericht entschied im April 2005, dass die Ärzte eine weitere Wiederbelebung nicht durchführen mussten.[20] Aktive Sterbehilfe ist aber auch in England verboten, ebenso wie in *Dänemark, Italien, Schweden* oder *Österreich*. Patienten haben jedoch in allen diesen Ländern ausdrücklich das Recht, lebenserhaltende Maßnahmen auf eigenen Wunsch zu verweigern.

Wie sich in diesem Überblick zeigt, ist die aktive Sterbehilfe in Europa auf dem Vormarsch. Es muss darauf hingewiesen werden, dass auch in der deutschen Bevölkerung Sterbehilfe auf eine breite Zustimmung stößt. Nach einer Umfrage des Allensbach-Institutes im März 2001 sind 64 Prozent der Westdeutschen und 80 Prozent der Ostdeutschen für den Tod auf Verlangen, wenn ein Patient schwer krank ist.[21] Noch höhere Werte wurden bei verschiedenen Umfragen im März 2005 in Deutschland ermittelt, bei denen sich auch eine überwältigende Mehrheit für bindende Patientenverfügungen aussprach.[22] Diese müssen für Ärzte und Gerichte bindend sein, wenn jemand vorher festgelegt hat, dass er als Komapatient keine lebenserhaltenden Maßnahmen wünscht.

Eine zunehmend vergreisende Bevölkerung fürchtet den Tod unter Schmerzen, einsam auf einer Intensivstation, ausgeliefert an eine Apparatemedizin, die Leben um jeden Preis verlängern will, und fordert das Recht auf Selbstbestimmung auch beim Tod. Insofern wird uns die Diskussion um die Legalisierung der aktiven Sterbehilfe in den nächsten Jahren extrem beschäftigen.

Sterbehilfe kann gerade in Zeiten der Kostendämpfung im Gesundheitswesen schnell mit wirtschaftlichen Motiven durchdrungen werden. Das wird zu einem tiefgreifenden Wandel eines abgestuften Lebensrechtes führen. Auf dem Hintergrund derartiger Kosten-Nutzen-Erwägungen geht es auch um ein zunehmendes Geschäft mit dem Tod: Die Beihilfe zum Suizid ist überaus gewinnbringend, wie auch die Vermarktung von Organen und Körperteilen Verstorbener oder «klinisch Toter». Ein wesentlicher Faktor praktischer Kosten-Nutzen-Rechnung kann die Einsparung von Kosten durch Behandlungsabbruch oder aktive Sterbehilfe sein, zumal der letzte Lebensabschnitt den Krankenkassen als der kostenintensivste gilt.

Der Wandel im Umgang mit Sterbenden ist nicht zuletzt durch wirtschaftliche Rahmenbedingungen des Staates (Kostendämpfung), die Überalterung der deutschen Bevölkerung sowie das neue Betreuungsrecht und Transplantationsgesetz gekennzeichnet. Der steigende extreme Werteverfall unserer Gesellschaft und das Nützlichkeitsprinzip der Bioethik tragen ebenfalls dazu bei, Menschenwürde und Schutz allen Lebens abzubauen. Dabei könnte durch die moderne Palliativmedizin unerträgliches Leiden in den meisten Fällen verhindert beziehungsweise gelindert werden. Darüber hinaus tragen zahlreiche Hospize dafür Sorge, dass niemand alleine sterben muss. Wenn wir aber Sterbenden das Gefühl vermitteln, dass sie anderen zur Last fallen, ist dies schwer wegzutherapieren.

Somit ist die Alternative zur aktiven Sterbehilfe die juristische Absicherung der Patientenverfügungen. Dadurch ließen sich sehr viele Ängste der Bevölkerung als unbegründet auflösen. Eine liebevolle Sterbebegleitung könnte dann den Wunsch nach einem frühzeitigen Tod ersetzen.

## Was Sie beim Abfassen einer Patientenverfügung beachten sollten

Im Folgenden möchte ich schrittweise erklären, was Sie in einer Patientenverfügung regeln können. Dabei möchte ich einige Formulierungshilfen geben.

Wenn Sie eine Patientenverfügung schreiben, setzt das voraus, dass Sie sich einen klaren und persönlichen Standpunkt zu ihrem eigenen Tod gebildet haben. Es ist dabei sinnvoll, dies frühzeitig und von Krankheit und Sterben unbelastet zu überlegen. Sprechen Sie offen mit Ihren Angehörigen über Ihre Wünsche.

In einer Patientenverfügung hält eine Person ihre Wünsche und Vorstellungen vom Ablauf des eigenen Endes fest. Sie ist eine Willensäußerung des Betroffenen im Hinblick auf eine zukünftige Behandlung für den Fall einer späteren Äußerungsunfähigkeit. Jeder niedergeschriebene Ausdruck des eigenen Willens ist im Zweifelsfall besser als gar nichts. Es reicht aber nicht aus, eines der verschiedenen Formulare oder Vordrucke der unterschiedlichen Organisationen zu unterschreiben! Viele dieser Dokumente sind zu wenig spezifisch und mit sehr allgemeinen Formulierungen abgefasst. Sie helfen im Ernstfall kaum weiter, da die Ärzte keinen konkreten Einzelwillen feststellen können und im Zweifelsfall eine Behandlung fortsetzen.

Bei der Formulierung einer Patientenverfügung sind zwei Möglichkeiten zu unterscheiden:
– der Wunsch nach Behandlungsabbruch und
– der Wunsch nach Maximalbetreuung, also der Fortführung einer Behandlung mit allen Mitteln.

Daneben können auch Anweisungen für konkrete Behandlungswünsche erteilt werden, zum Beispiel, ob eine Bluttransfusion oder eine Organspende vorgenommen werden darf oder noch nicht zugelassene Medikamente eingesetzt werden sollen. Gemäß den Grundsätzen der Bundesärztekammer zur ärztlichen Sterbebegleitung vom 11. September 1998 ist der Arzt sogar verpflichtet, «Sterbenden, das heißt Kranken oder Verletzten mit irreversiblem Versagen einer oder mehrerer vitaler Funktionen, bei denen der Tod in kurzer Zeit zu erwarten ist, so zu helfen, dass sie in Würde zu sterben vermögen. Die Hilfe besteht neben palliativer Behandlung in Beistand und Sorge für Basisbetreuung.

Maßnahmen zur Verlängerung des Lebens dürfen in Übereinstimmung mit dem Willen des Patienten unterlassen und nicht weitergeführt werden, wenn diese nur den Todeseintritt verzögern und die Krankheit in ihrem Verlauf nicht mehr aufgehalten werden kann. Bei Sterbenden kann die Linderung des Leidens so im Vordergrund stehen, dass eine möglicherweise unvermeidbare Lebensverkürzung hingenommen werden kann.»[23] Demnach steht gezielte Schmerzlinderung, selbst wenn sie eine lebensverkürzende Wirkung mit sich bringt, im Vordergrund des ärztlichen Handelns.

Wenn Sie eine Patientenverfügung schreiben, kann es sehr sinnvoll sein, diese mit einer *Vorsorgevollmacht* zu verbinden. Durch eine Vorsorgevollmacht wird ein Bevollmächtigter ernannt, der sich einerseits um alle finanziellen und vermögensrechtlichen Angelegenheiten kümmert und darüber hinaus Entscheidungen im Hinblick auf ärztliche Behandlungen oder Maßnahmen im Rahmen von Pflege und Betreuung an der Stelle des Vollmachtgebers treffen kann. Sinnvoll ist es, eine Vorsorgevollmacht notariell beglaubigen zu lassen. Eine Vorsorgevollmacht dient in erster Linie der Vermeidung einer gerichtlich angeordneten Betreuung.

Eine andere Möglichkeit der Absicherung des Selbstbestimmungsrechtes ist die sogenannte *Betreuungsverfügung*. Hierin wird der eigene Wunsch bei der Auswahl eines möglichen Betreuers für den Fall bestimmt, dass der Betroffene nicht mehr selbst in der Lage ist, seine Wünsche zu äußern, beispielsweise bei geistiger Verwirrtheit oder im Koma. Ein Betreuer vertritt die Interessen des Hilfsbedürftigen auch beim Vormundschaftsgericht.

In beiden Fällen ist darauf zu achten, dass ein besonderes Vertrauensverhältnis zum Bevollmächtigten vorhanden sein sollte.

Nun möchte ich einige Hinweise für das Erstellen einer Patientenverfügung erteilen.

## Der Wunsch nach Behandlungsabbruch

Zunächst sollten Name, Vorname, Geburtsdatum und die genaue Adresse angegeben werden. Sie können sich an den nachstehenden Formulierungen orientieren. Wenn bereits ein medizinischer Befund vorliegt, sollten Sie sich mit Ihrem Arzt besprechen und möglichst eine individuelle, auf das Krankheitsbild und dessen Verlauf bezogene Patientenverfügung abfassen.

«Für den Fall, dass ich nicht mehr in der Lage sein sollte, meine Angelegenheiten selbst zu regeln, verfüge ich im jetzigen Vollbesitz meiner geistigen Kräfte und in voller Kenntnis von Inhalt und Tragweite meines hier geäußerten Willens als Anweisung an die mich behandelnden Ärzte wie folgt:

Wenn bei schwerstem körperlichem Leiden oder Verletzungen, Dauerbewusstlosigkeit sowie fortschreitendem geistigem Verfall auch vor dem Endstadium einer tödlich verlaufenden

Krankheit und vor dem Eintritt des eigentlichen Sterbevorgangs keine Aussicht mehr auf Besserung im Sinne eines für mich erträglichen und umweltbezogenen Lebens mit eigener Persönlichkeitsgestaltung besteht, sollen an mir keine lebenserhaltenden Maßnahmen (zum Beispiel Wiederbelebung, Beatmung, Dialyse, Bluttransfusion, Medikamente) vorgenommen werden beziehungsweise bereits begonnene abgebrochen werden.»[24]

Sie können sich von folgenden Punkten leiten lassen:
- Was bedeutet für Sie persönlich ein lebenswertes Leben?
- Wünschen Sie unter obigen Umständen eine Ernährung durch eine Magensonde? Wie lange möchten Sie gegebenenfalls künstlich ernährt werden?
- Wird eine weitestgehende Beseitigung von Schmerzen gefordert und eine damit unter Umständen verbundene Lebensverkürzung in Kauf genommen? Sollen in diesem Kontext noch Antibiotika bei fieberhaften Begleitinfektionen verabreicht werden?
- Wie wollen Sie medizinisch im Fall eines Wachkomas behandelt werden?
- Wie sollen Ärzte bei einer schweren Alzheimer- oder Demenzerkrankung mit Ihnen umgehen?
- Was soll getan werden, wenn Sie einen unheilbaren Hirnschaden erleiden?
- Sind Sie mit einer Obduktion oder einer Organentnahme einverstanden?
- Sie können die Adresse Ihres Hausarztes oder mehrerer Personen Ihres Vertrauens angeben, damit diese verständigt werden.
- Wenn Sie einen Betreuer für den Ernstfall bestellt haben, machen Sie genaue Angaben darüber!

## Der Wunsch nach medizinischer Maximalbehandlung

Eine Formulierung für eine solche Patientenverfügung könnte lauten:

«In der Hoffnung und dem Vertrauen auf den medizinischen Fortschritt und die damit verbundene Hoffnung auf zukünftige Heilung derzeit unheilbar erscheinender Krankheiten und Verletzungen wünsche ich in jedem Stadium einer möglichen Erkrankung oder Verletzung, auch bei einer infausten Prognose oder einem bereits eingetretenen Sterbevorgang, dass mir eine optimale medizinische Maximalbehandlung gewährt wird.

Dabei bin ich auch damit einverstanden und wünsche ausdrücklich, dass auch neue, noch nicht zugelassene Medikamente und nicht allgemein anerkannte beziehungsweise zugelassene Behandlungsmethoden zur Anwendung kommen.»[25]

Auch hier sollten Sie die Adressen Ihres Hausarztes und der Personen Ihres Vertrauens benennen. Ebenfalls sollten Sie angeben, ob Sie mit einer Obduktion einverstanden sind oder als Organspender zur Verfügung stehen. Beim Wunsch nach medizinischer Maximalbehandlung können Sie Ihren Text mit folgender Formulierung beenden:

«Die in dieser Verfügung getroffenen Entscheidungen erfolgten nach eingehender und reiflicher Überlegung und stellen meine generelle ethische Grundeinstellung zu Fragen eines Behandlungsabbruchs dar. In einer konkreten Situation, in der über einen Behandlungsabbruch der an mir vorgenommenen Heilmaßnahmen zu entscheiden ist, bitte ich meine behandelnden Ärzte, diese Patientenverfügung als verbindlich anzunehmen und entsprechend meinem Willen zu verfahren. Eine andere Entscheidung als die hier zum Ausdruck gebrachte kommt für mich nicht in Frage.»[26]

# 4. Kapitel

# Das Dilemma der Organspende

## Aktuelle Entwicklungen

Die Organspende ist in der Öffentlichkeit in den vergangenen Jahren zu einem sehr kontrovers diskutierten Thema geworden. Wer von den feinstofflichen Vorgängen beim Sterben weiß, fragt sich, ob die Seele die Umstände ihres Todes mitbekommt, weil sie möglicherweise noch mit ihrem Körper verbunden ist. Das Pflegepersonal und selbst manche Ärzte fragen sich durch die Konfrontation mit den diagnostizierten hirntoten Patienten immer wieder von neuem: Bis wann ist jemand lebendig? Wann befindet sich ein Mensch im Sterben? Und die eigentliche Grundfrage: Ab wann ist ein Mensch endgültig tot?

Es bleibt eine häufig verschwiegene Tatsache, dass ein «überlebender Körper», der explantiert wird, auf dem Operationstisch auf die Eingriffe reagiert: Blutdruck- und Pulsreaktionen, Muskelzuckungen sowie Hautrötungen und Schwitzen werden in der Fachliteratur immer wieder geschildert. Anna Bergmann schreibt: «Normalerweise gelten solche Symptome als Ausdruck einer Schmerzempfindung. ‹Um diese Reaktionen zu mildern ... werden bei einer Organentnahme oft in geringen Dosen Schmerzmittel (Opioide) und muskelentspannende Pharmaka gegeben.› Laut offiziellen Angaben der Transplantationsmedizin sind bis zu etwa 75 Prozent aller Hirntoten fähig, auf Provokationen beziehungsweise auf die radikale Verletzung ihres Körpers während einer Organentnahme hin sich zu bewegen.»[27]

Ich habe bisher kaum einen Vortrag gehalten, in dem die Frage nach der Organspende und was dabei mit der Seele geschieht nicht gestellt wurde. Generell ist festzustellen, dass man skeptischer und kritischer in Bezug auf eine mögliche Organentnahme geworden ist. Die Spendebereitschaft ist stark zurückgegangen.

Derzeit warten in Deutschland rund 12 000 Patienten auf eine Organspende. Im Jahr 2003 wurden insgesamt mehr als 4000 Nieren, Lebern und Herzen verpflanzt, und im vergangenen Jahr waren es laut der Deutschen Gesellschaft für Organtransplantation (DSO) sogar noch etwas mehr. «Manche sagen, sie würden sogar ein Organ mit einem Tumor ertragen, so extrem ist die Situation», sagte Professor Günter Kirste vom Vorstand der DSO.[28]

In diesem Zusammenhang kam folgender Vorschlag auf: «Wer keine Organe spendet, soll nach Meinung des Vorsitzenden der Gesellschaft für Innere Medizin, Manfred Weber, im Notfall auch selbst keine bekommen. Die Haltung zur Organspende sollte regelmäßig verpflichtend bei der Verlängerung des Personalausweises abgefragt werden, schlug Weber vor. Wer dabei nein sagt, bekommt auch nichts. In Nordrhein-Westfalen kämen zum Beispiel nur neun Organspender auf eine Million Einwohner. ‹Die Situation ist katastrophal.› Menschen, die ihren Beitrag verweigerten, sollten auch Nachteile bei den Leistungen haben, sagte Weber.»[29]

An diesem Vorschlag lässt sich die Verzweiflung angesichts zunehmender Skepsis der Bevölkerung der Organspende gegenüber ablesen. Gleichzeitig wird aber ein gewisser Zwang ausgeübt: Nur wer ein Organ spenden will, wird in Zukunft noch eins erhalten.

Ein Schlaglicht auf den Umgang mit Organtransplantationen in Deutschland wurde Anfang 2005 durch eine tollwutinfizierte Organspenderin geworfen. Insgesamt hatten sechs Patienten Organe der infizierten Frau erhalten. Drei davon starben an den Folgen einer Tollwutinfektion. Dieser Fall konfrontierte die breite Öffentlichkeit auch mit der Tatsache, dass bei den meisten Organspenden nicht nur *ein* Organ entnommen wird, sondern gleich mehrere. Die Organe der Frau wurden in der gesamten Bundesrepublik verteilt. Bei einer sogenannten «Multiorgantnahme» bleibt vom Körper des Spenders keine Stelle verschont: Er wird mit Hammer und Meißel, mit Säge und Messer radikal verletzt.

Hirntote verfügen in Deutschland bis zum Ende einer Organentnahme nicht über die üblichen Toten- und Patientenrechte, sondern werden in ihrer leiblichen Integrität zerstört. Der Mensch wird so lange am Leben gehalten, bis sein Körper vollständig verwertet wurde. Dabei wird alles versucht, um den Herztod des Organspenders bis zur Entnahme der vitalen Organe medikamentös zu unterdrücken. Der Körper eines Menschen und auch sein Tod sind damit für Mediziner verfügbar geworden.

## Das Hirntod-Konzept

Nach langjährigen politischen Debatten einigte sich das Deutsche Parlament 1997 auf eine neue Todeskonzeption. Das Gesetz über die Spende, Entnahme und Übertragung von Organen (Transplantationsgesetz, TPG) trat am 1. Dezember 1997 in Kraft. Juristisch wurde ein «Hirntoter» als Leichnam festgeschrieben. Das Hirntod-Konzept zweiteilt den Menschen zur *lebenden Leiche*: Der Patient gilt zwar als endgültig verstorben, da die Gehirnschädigung irreversibel ist, gleichzeitig aber werden die übrigen Funktionen des Körpers aufrechterhalten. Das eigentlich Fragwürdige an der Hirntod-Konzeption ist, dass sie gleichgesetzt wird mit dem personalen Tod des Menschen. *Ein* Teil des Menschen wird also als Ganzes gesetzt, obwohl der übrige Körper noch lebt. Der Unterschied zwischen einem hirntoten Patienten und einem Leichnam wird verwischt. Eine

Organtransplantation hingegen ist abhängig von der Lebensfrische eines hirntoten Körpers, da die Organe, die entnommen werden, nur in einem lebendigen Zustand tauglich sind. Dieses Todesmodell bricht mit allen bisher gültigen Todeszeichen, wie Herz- und Atemstillstand, Leichenblässe, Totenstarre, Verwesungsprozess oder Totenflecke. Der Todeszeitpunkt wird sozusagen vorverlegt, um eine Organentnahme überhaupt möglich zu machen. Von der eigentlichen Definition her aber ist ein «Hirntoter» ein Sterbender! Die Gleichsetzung des Hirntodes mit dem Tod des Menschen gilt vielen Medizinern durchaus als fragwürdig. So wird ein Neurologe der Freien Universität folgendermaßen zitiert: «Auch dann, wenn wir sicher sein können, dass das gesamte Gehirn irreversibel zerstört ist, der restliche Organismus aber noch lebt, ist ein Hirntoter kein Leichnam, sondern ein Sterbender.»[30]

Solange Kreislauf, Herz und Atmung in Gang gehalten werden, kann die Seele den Körper nicht endgültig verlassen. Sie ist durch das feinstoffliche Band der Silberschnur, die Seele und Geist zusammenhält, weiterhin mit dem Körper verbunden. Erst nach der Explantation, wenn die Maschinen abgestellt werden, tritt der eigentliche Tod ein, und dann erst ist der vormals «Hirntote» wirklich ein Leichnam.

Zur Verdeutlichung der Hirntod-Problematik möchte ich folgend ein Beispiel zitieren, welches deutlich macht, dass der Hirntod eine Grauzone zwischen Leben und Tod darstellt. Ärzte und Angehörige nehmen den Zwischenzustand unterschiedlich mit verschiedenen Schlussfolgerungen wahr.

## Die Wahrnehmungen Angehöriger beim Hirntod

Der Theologe Dieter Emmerling schildert sehr präzise seine Beobachtungen beim Sterben seiner Frau, die hier auszugsweise wiedergegeben werden:

«Am 26. Oktober 1993 morgens um 8.00 Uhr fand ich meine Frau Liselotte ohne Lebenszeichen vor ihrem Bett auf dem Fußboden. Sie war damals 57 Jahre alt. Nichts Erkennbares hatte auf ein solch kommendes Ereignis hingewiesen …

Den Bemühungen eines benachbarten Arztes gelang es nicht, Lilo aus ihrer Bewusstlosigkeit zu holen. Auch der Notarzt konnte nicht helfen. In einer Plane wurde Lilo aus dem Haus getragen und mit dem Krankenwagen in ein Krankenhaus gefahren …

Nachdem ich vor der Intensivstation gewartet hatte und gegen 11.00 Uhr eingelassen wurde, führte der Stationsarzt ein ernstes Gespräch mit mir.

Ich erinnere mich an Folgendes: Die Gehirnuntersuchung hat ergeben, dass bei der Einlieferungsuntersuchung das Gehirn schon zu 95 Prozent tot war. Die Aussichten? Es wird schlechter werden. – Hoffnungen? Keine …

Den Tag verbrachte ich auf der Intensivstation. Was mag meine Frau empfinden, wahrnehmen? Ist es, wie mir der Stationsarzt gesagt hatte: Ihre Frau liegt da, sie hört nichts, merkt nichts, empfindet nichts? Mir kamen Überlegungen: 95 Prozent hirntot, was ist das? Fortschreitend! Waren jetzt bereits 97 Prozent oder 98 Prozent hirntot? Wo ist die Grenze? …»[31]

Als der Mann sich nach dem langen Tag auf der Intensivstation verabschieden will, kommt es zu einer spontanen Reaktion seiner Frau:

«Wie ich diese Worte halblaut aussprach: ‹Ich gehe jetzt›, machten beide Kurven auf dem Monitor einen plötzlichen Ausschlag nach oben und nach unten – bis an die Ränder des Bildschirms. Das kam mir vor wie ein Schrei: ‹Du kannst mich doch jetzt nicht alleine lassen!!!› Ein stummer Schrei der Angst in einem Körper, der nichts mehr bewegen konnte – aber ein Schrei, der das Herz bewegte, der die elektrischen Ströme veränderte, der aus der Seele auf den Bildschirm schnellte. Da hatte nicht ein Apparat geschrien, da hatte meine Liselotte geschrien …

Natürlich blieb ich die ganze Nacht auf der Intensivstation, mal neben dem Bett sitzend, mal am Fenster stehend. Wir waren nur wenige Wochen vor unserer silbernen Hochzeit. Jetzt hatte ich Stunde um Stunde, um mit leiser Stimme zu sagen: Was war gut in diesen 25 Jahren? Was war danebengegangen? Und um Verzeihung zu bitten oder Versprechen zu machen. Es war keine Monotonie, es war wie eine Art ungesteuerter Dialog. Der Bildschirm gab mir die Antworten. Immer mal wieder schlug die Frequenzaufzeichnung höher und niedriger. Es war, als wenn bei besonders existenziellen Punkten unseres gemeinsamen Lebens Lilos Herz zuckte.

Gegen Morgen kam die Ablösung. Mit zehn Freundinnen und Freunden teilten wir uns die Sterbebegleitung. Das Personal der Intensivstation war teilnehmend und hilfsbereit. Wir konnten zu jeder Nachtzeit auf die Station kommen; manchmal hielten uns die Schwestern mit Tee oder Kaffee wach.

Am Abend des zweiten Tages begegnete ich wiederum dem Stationsarzt. Sehr freundlich sagte er: ‹Herr Emmerling, ich muss noch eine schwierige Frage mit Ihnen besprechen. Kommen Sie doch bitte ins Arztzimmer.› In dem kleinen Zimmerchen saßen wir uns gegenüber. Der Arzt stellte die Frage: ‹Können wir die Organe Ihrer Frau herausnehmen?›

In meinen Kopf schossen die Gedanken: 95 Prozent totes Gehirn bei der Einlieferung, abnehmende Tendenz. Wann ist das Gehirn tot? – Nein, schrie es in mir, nein, ihr könnt meine Frau nicht aufschneiden, könnt ihr das Herz nicht wegnehmen – mit diesem Herzen hat sie doch heute Nacht mit mir über den Monitor gesprochen. Sie lebt doch und empfindet!! – Und nach außen sagte ich: ‹Nein.› – Dann wurde an mein Christsein appelliert, an die Nächstenliebe. – Ich wurde etwas unsicher, bat um Bedenkzeit. – Wir sprachen im Familienkreis, mit Freunden, darunter ein Pfarrer und Ärzte. Sie bekräftigten mein ‹Nein›.»[32]

Dieser Fall zeigt in aller Deutlichkeit, dass unsere Vorstellung vom Tod angesichts eines Hirntoten völlig außer Kraft gesetzt wird. Die grundsätzliche Frage, wie tot ein Hirntoter tatsächlich ist, erübrigt sich durch die genauen und detaillierten Wahrnehmungen von Herrn Emmerling. In der überaus schwierigen Situation, in der er mit seiner sterbenden Frau konfrontiert ist, scheut sich der Arzt nicht, um eine Organspende zu bitten. Dabei offenbart sich das eigentliche Dilemma der Transplantationsmedizin: Der Mensch wird ausschließlich als Körper definiert, verfügt aus der Sicht der Operateure weder über einen Geist noch eine Seele.

## Beobachtungen des Pflegepersonals

Besonders das Pflegepersonal wird im Umgang mit Hirntoten häufig von Gewissenskonflikten gequält. Sie erleben als Einzige das Geschehen von Anfang bis Ende, da sie mit dem Organspender als Patient direkt konfrontiert sind. Eine OP- und Anästhesieschwester schildert den Fall eines 19-jährigen Mannes, der in einer Disco eine Hirnblutung erlitten hatte:

«Nach der Computeraufnahme war eine Operation aussichtslos. Das Ganze hat sich nachts um circa 1.00 Uhr zugetragen. Ich habe den Patienten am Morgen um circa 8.00 Uhr gesehen. Die Prognose sei, so hieß es, infaust. Es war eine Frage der Zeit, wann der Hirntod eintreten würde.

Diese Gespräche wurden im Zimmer geführt, da man davon ausging, dass der Patient bewusstlos sei und nichts mehr mitbekomme. Meine Kollegin sagte mir, dass die Angehörigen der Organentnahme nicht zugestimmt hätten. Die Angehörigen sind zu einer Zeit befragt worden, als der Hirntod des Patienten noch nicht diagnostiziert war.

Der Patient sah aus wie so viele Patienten, die ich in Narkose oder an Beatmungsgeräten gesehen hatte. Nichts deutete äußerlich darauf hin, dass hier ein Sterbeprozess stattfinden würde. Seine ganze Lebenskraft spürte ich noch in seinem Körper. Die Vorstellung, dass dieser junge Mann bei lebendigem Leib auseinandergeschnitten werden sollte, hatte mich geängstigt. So war ich heilfroh über die Information, dass einer Organentnahme nicht zugestimmt wurde.

Ganz unvoreingenommen legte ich meine Hand in seine Hand und sagte: ‹Ich bin Schwester Lilijana. Wenn du mich hörst, dann drück mir bitte die Hand.› Kaum hatte ich den Satz gesagt, da spürte ich einen deutlichen Druck und sah, wie seine Hand sich bewegte. Ich wiederholte diese Aufforderungen, und es war wie beim ersten Mal. Ich teilte dies bei der Visite mit. Außer Achselzucken und Unglauben kam zunächst keine Reaktion. Als der Stationsarzt den Test wiederholte, hatte auch er Erfolg: Der Patient drückte auf Aufforderung seine Hand. Es sei zwar nicht zu erklären, wieso dies bei dem Befund noch möglich sei, aber die Ärzte gingen aus dem Zimmer und setzten die Visite fort.

Ich hatte nicht erwartet, dass jetzt irgendwelche lebensrettenden Maßnahmen eingeleitet werden müssten. Mir war auch klar, dass der Befund zu groß war, um eine Hoffnung auf Genesung zu sehen. Jedoch erhoffte ich mehr Nachdenken darüber, dass ein Mensch nicht alleine nach seinem Hirnbefund zu behandeln ist.

Es war ein stiller Hilferuf von mir: ‹Seht her, dieser Mensch kann sich noch mitteilen trotz großen Hirnbefunds, trotz infauster Prognose.› Meine Gedanken hatten jedoch keine Stimme.

Als ich gegen 16.00 Uhr nach Hause gehen wollte, hatte ich mich von dem Patienten verabschiedet. Seine Reaktionen waren nicht wie am Morgen, jedoch hatte ich für mich den Eindruck, dass hier noch viel Leben zu spüren war. Sein Körper fühlte sich an wie der eines Schlafenden. Sein Herz schlug regelmäßig, das Beatmungsgerät tat seinen Dienst, der Brustkorb hob und senkte sich. Ich sah den Körper eines gesunden jungen Mannes an einer Beatmungsmaschine, als ich ging.

Am nächsten Morgen sah ich einen anderen Patienten in der Pflegeeinheit, und ich fragte meine Kollegin, was denn aus dem Patienten geworden sei, der gestern dort lag. ‹Der Patient wurde gegen 18.00 Uhr nach seinem Hirntod explantiert.›

Ich fühlte mich ganz weich in den Knien. Die Vorstellung, was mit ihm gemacht wurde, so kurz nach meinem Gehen, hat mich sehr getroffen. Ich fragte: ‹Wieso ist er explantiert worden? Es hieß doch, die Angehörigen hätten einer Organentnahme nicht zugestimmt.› – ‹Am Nachmittag waren nochmals Angehörige da. Man hatte erneut gefragt, und sie haben dann doch zugestimmt.›

Mit welcher Beharrlichkeit man doch auf Angehörige einwirken kann, bis einer dann doch zustimmt. Ich hatte das Gefühl, den Patienten im Stich gelassen zu haben in seiner Sterbephase.»[33]

Die Krankenschwester hat den jungen Mann eindeutig als Sterbenden wahrgenommen. Sie hielt seine Hand und erfuhr eine deutliche Reaktion. Trotz seines irreversiblen Zustandes durch die Hirnblutung waren offenbar noch Wahrnehmungen vorhanden, die außerkörperlicher Natur sind. Der Hirntote erlebt, wie jeder andere Sterbende, einen erweiterten Bewusstseinszustand, aus dem heraus er noch reagieren kann. Die Seele ist noch mit dem Körper verbunden. Der endgültige Tod findet dann im Operationssaal statt. Das ist besonders für das Pflegepersonal ein traumatisches Erlebnis, da dieser Vorgang durch medizinisches Handeln erfolgt.

«So beschreibt ein Neurochirurgieprofessor, wie er zum ersten Mal eine Organentnahme wahrnahm: ‹Das ist in der Hinsicht bemerkenswert, weil pathophysiologisch etwas abläuft, was man sonst nie sehen würde. Es wird ein Organ kalt und weiß, plötzlich hören alle auf, etwas zu tun. Man steht da mit der Leiche – komisches Gefühl.› Eine Anästhesieschwester schildert die Atmosphäre im Operationssaal:

‹In dieser Situation ist immer eine gewisse Spannung. Vorher ist man beschäftigt und gibt dem Patienten Medikamente, da ist etwas zu tun. Und dann kommt irgendwann der Augenblick, in dem der Patient sehr viel Blut verliert, und man steht daneben und schaut zu, wie das Herz aufhört zu schlagen. Für mich ist diese Situation furchtbar … Es schaut in diesem Moment so aus, als wenn ich erlebe, wie ein Patient stirbt … Da ist einem der Schauer über den Rücken gelaufen.›

Darüber hinaus prägt die Konservierung der zu entnehmenden Organe den sehr speziellen Ablauf einer solchen Operation. Bevor die vitalen Organe (Herz, Lungen, Nieren, Leber, Pankreas) herausgeschnitten werden, durchspült man sie mit einer vier Grad kalten, aus Zucker und Nährsalzen bestehenden Lösung im noch lebenden Körper des Hirntoten, um deren Verwesung aufzuhalten und um sie während des Transfers in der Kühlbox zu ernähren. Wenn diese eiskalte Perfusionslösung in den noch lebenden Körper dringt und sein Blut ausschwemmt, kann es vorkommen, dass Blutdruck und Herzfrequenz ansteigen oder der Hirntote auf diesen Vorgang mit Zuckungen reagiert.»[34]


## Die geistigen Hintergründe

Wenn ein Mensch einen Herz-Kreislauf- und Atemstillstand erlitten hat, sind die Organe unbrauchbar geworden. Durch die Hirntod-Definition des Menschen sind die Ärzte in der Lage, in einem bestimmten Stadium des Sterbeprozesses lebendfrische Organe zu entnehmen. So wird beliebig in den Sterbeprozess des Spenders eingegriffen: Er kann nach Bedarf angehalten werden, oder der Tod kann durch eine sofortige Organentnahme beschleunigt werden. In einer weitverbreiteten Informationsbroschüre über Organtransplantation heißt es, dass bei bestimmten Todesursachen an eine Organspende gedacht wird: «Voraussetzung ist der vollständige und endgültige Verlust der gesamten Hirnfunktionen als sicheres Todeszeichen bei aufrechterhaltenem Kreislauf.»

Diese Formulierung beinhaltet, dass der Tod eines Menschen nach dem Zustand seines Gehirnes festgestellt wird. Da aber der Kreislauf aufrechterhalten wird, ist dieser Mensch nicht wirklich tot! Solange er an die Maschinen angeschlossen ist, kann sich die Seele als Träger des Bewusstseins nicht endgültig vom Körper lösen, da wie beim klinischen Tod die Silberschnur noch nicht gerissen ist. Wäre das der Fall, so wäre kein Hauch von Leben mehr in dem Organspender, und die Organe wären im selben Moment unbrauchbar. Dieses Dilemma wird in den Hochglanzbroschüren allerdings mit keinem Wort erwähnt.

Aus der Praxis der Sterbebegleitung wissen wir, dass ein Sterbender sehr wohl mitbekommt, was um ihn herum geschieht, da er sich in einem erweiterten Bewusstseinszustand befindet. Die Explantation der Organe findet vermutlich genau zu jenem Zeitpunkt statt, zu dem die Seele den Körper endgültig verlassen könnte. Ein Hirntoter befindet sich also in einem Stadium der Lockerung des Bewusstseins von seinem Körper. Insofern ist der eigene Wille, ob ein Organ entnommen werden darf, für das Erleben der Organentnahme von entscheidender Bedeutung.

Wenn sich ein Mensch intensiv mit dem Thema einer möglichen Organspende auseinandergesetzt hat und für sich persönlich zu dem Entschluss gekommen ist, dass er das Leben eines anderen Menschen durch eine Spende verlängern oder retten will, ist diese Entscheidung ein eigener freier Seelenentscheid. Eine solche Seele wird den Übergang und die Begleitumstände sicherlich unbeschadet überstehen, eben weil sie es erklärtermaßen so wollte.

Die traurige Wirklichkeit ist aber, dass sich die meisten Menschen zu Lebzeiten keine Gedanken über den Tod machen. Selbst wenn sie einen Spenderausweis haben, tragen sie ihn oft nicht bei sich. Deswegen haben sich andere Länder, wie zum Beispiel Österreich, aufgrund des Organmangels dazu entschlossen, dass alle, die sich nicht ausdrücklich gegen eine Organspende im Fall ihres Hirntodes zu Lebzeiten ausgesprochen haben, automatisch zu Organspendern gemacht werden.

In den Prospekten der Transplantationsmedizin wird stets

auf die lebensrettende Funktion einer Organspende verwiesen. Dazu hat man mit Hilfe eines riesigen, werbewirksamen Aufwandes durch Broschüren, Dokumentationen und Spielfilme versucht, die Bereitschaft zur Organspende in der Bevölkerung zu steigern.

In der Regel stellt man sich unter einem Organspender einen etwa 20-jährigen Mann vor, der bei einem Verkehrsunfall ums Leben gekommen ist. In diese Vorstellung mischt sich Mitleid mit dem tragischen Schicksal eines jungen Menschen, dessen Tod durch eine Organspende allerdings aufgewertet wird, da er nicht umsonst war. In Wirklichkeit gibt es keine Typologie des idealen Organspenders. Erfahrungsgemäß sind Spender keineswegs nur ganz junge Menschen. Das Durchschnittsalter liegt bei 45 Jahren. Über 30 Prozent aller Organspender in Deutschland sind sogar über 55 Jahre alt. Sofern Organe brauchbar und intakt sind, werden sie genommen – und zwar jedes Organ! Jeder Mann und jede Frau sind potenzielle Organspender, unabhängig vom Alter und der Art der Hirnschädigung.

## Das Gespräch mit den Angehörigen

Wenn der freie Willen des Menschen im Umfeld einer Organspende wirksam werden soll, wird diese Voraussetzung in dem Augenblick verletzt, in dem der Betroffene selbst keine Entscheidung darüber treffen kann. Stattdessen sollen nun die Angehörigen darüber entscheiden.

Das Angehörigengespräch ist der eigentlich schwierigste Aspekt der Transplantationsmedizin. Hier wird der sonst rein funktionale Ablauf, der säuberlich die unterschiedlichsten Vorgänge trennt, zusammengefügt: Der hirntote Patient, das medizinische Personal und die Angehörigen, die als Laien eine wichtige Entscheidung fällen müssen, treffen hier aufeinander. Wenn kein Organspenderausweis vorliegt, entscheidet nun das Gespräch mit den Angehörigen darüber, ob die gewünschten Organe transplantiert werden können.

Der Arzt steht vor einem grundsätzlichen Dilemma: Einerseits muss er den gerade eingetroffenen Angehörigen den Hirntod des Patienten mitteilen und gleichzeitig um die Organspende bitten. Hinter dieser Bitte steht eine doppelte Zumutung: Die Angehörigen sind angesichts der Hirntod-Nachricht in einem Zustand der Betäubung, des Schocks und des Nicht-wahrhaben-Wollens. Sie sind oft völlig unvorbereitet. Die Bitte um Organspende in diesem Augenblick führt dazu, dass die natürliche Trauer nicht respektiert werden kann. Der Arzt wiederum ist gespalten und hat nicht selten sogar Angst. Einerseits ist er mit den leidenden Angehörigen konfrontiert, andererseits trägt er die Verantwortung für den potenziellen Organempfänger, dessen Leben gerettet werden soll. Hinzu kommt, dass ein Vertrauensverhältnis zwischen Arzt und Angehörigen fehlt, da die Familie des Hirntoten den um eine Spende bittenden Arzt in den meisten Fällen nicht kennt. Matthias Loebe vom Deutschen Herzzentrum Berlin sagte zu diesem Dilemma:

«Wir haben hier eigentlich schon Patienten im Hause gehabt, die nach der chirurgischen Operation verstorben sind. Da haben wir mit den Angehörigen gesprochen, dass sie die Organe bitte freigeben mögen für die Transplantation … Und natürlich ist das eine belastende Situation, sich zu entscheiden und zu den Angehörigen zu gehen und zu sagen: ‹Wir haben zwar Ihrem Mann, Ihrem Sohn, Ihrer Ehefrau nicht helfen können, aber wir möchten trotzdem gerne, dass Sie etwas tun für andere, dass wir die Organe entnehmen dürfen und damit anderen helfen können.›»[35]

Der Angehörige hat bei diesem Gespräch den mutmaßlichen Willen des potenziellen Organspenders zu beachten. Da aber grundsätzlich vermieden wird, auf etwaige Problematiken der Explantation überhaupt einzugehen, wird lediglich mit dem stets gleichlautenden Slogan des Lebensrettens um die Spende geworben. So kann es sogar sein, dass dem als sinnlos empfundenen Verlust eines Kindes nachträglich dadurch ein Sinn zugewiesen wird. Ein Krankenhausseelsorger schildert den schwierigen Vorgang, Ärzte bei einer Bitte um eine Organspende zu unterstützen:

«22.50 Uhr. Die Ärzte der Intensivstation lassen den Klinik-Pfarrer rufen. Kein normaler Sterbefall. Ein Patient, um die 40 Jahre, Geschäftsmann aus Fernost, wird künstlich beatmet. Die Diagnose: Hirntod.

Die Ehefrau steht unter Schock. Schluchzend beugt sie sich über ihren Mann und versucht, ihn anzusprechen. Er kann nicht reagieren. Sein Atem geht regelmäßig. Verzweifelt versucht die Ehefrau zu verstehen, dass ihr Mann tot sein soll. Hirntot.

Die Mediziner haben den Patienten zur Organentnahme vorgesehen. Die Spezialisten warten bereits und verständigen vom Stationszimmer aus den Chirurgen, der die Entnahme der Nieren noch in der Nacht durchführen soll.

Der Seelsorger soll die Ärzte unterstützen. Die Ehefrau spricht kein Deutsch und kann sich nur mit Mühe in Englisch verständigen. Ihr soll klargemacht werden, dass die Ärzte um ihre Zustimmung zur Organ-Explantation bitten. Die Ehefrau willigt schließlich ein und unterschreibt. Dann wirft sie sich laut weinend über ihren Mann und redet auf den Hirntoten ein.

Die Ärzte bitten mich, der Frau klarzumachen, dass sie sich jetzt von ihrem Mann verabschieden muss. Die intensiv-medizinischen Vorbereitungen der Explantation dulden keine Anwesenheit der Angehörigen.

Ich spreche mit der Frau über das, was sie in den letzten Stunden durchmachen musste. Immer wieder wird sie von Weinkrämpfen geschüttelt. Ungläubig fragt sie: Ist er tot? Sie kann es nicht verstehen. Er atmet doch! – In Wirklichkeit sind Hirntote als Organ-‹Spender› eigentlich doch erst Sterbende. Die moderne Definition des Hirntodes kann nicht verschleiern, dass transplantierfähige Organe immer Lebenden, Sterbenden oder

‹Hirntoten› entnommen werden müssen. Leichen kommen als Spender nicht in Betracht.»[36]

## Die Folgen bei den Angehörigen

Der Hinweis auf Lebensrettung mag im Augenblick des Schocks durchaus eine euphorisierende Wirkung haben. Die Angehörigen sind möglicherweise von der Erschütterung über den Verlust eines nahestehenden Menschen abgelenkt. Eigentlich aber sind sie nicht imstande, in dem Augenblick, in dem sie den Tod eines Angehörigen verkraften müssen, eine derartig weitreichende Entscheidung zu treffen. Es braucht Zeit, bis die Todesnachricht ins Bewusstsein dringt und der Trauerprozess beginnen kann.

«Bei einem Verkehrsunfall um 14.15 Uhr wird der 19-jährige Sven lebensgefährlich verletzt. Der Unfallarzt entscheidet, ihn zur Organentnahme zu überweisen. Sven wird mit einem Hubschrauber in die Uniklinik Hannover gebracht, wo sein Hirntod festgestellt wird. Die Eltern werden benachrichtigt und treffen gegen 19.30 Uhr in Hannover ein. Seine Mutter beschreibt ihren Eindruck von Sven:

‹Er sah normal aus, wie wenn Sie jemanden schlafend im Bett sehen. Sauber, ordentlich, es war nichts zu sehen. Keine äußeren Verletzungen. Er sah auf keinen Fall wie tot aus.›

In diesem kritischen Augenblick wurde die Familie von den Ärzten um eine Organspende gebeten. Da die Mutter ablehnt, wird der Vater bearbeitet, bis er schließlich zustimmt.

Als Svens Mutter ihren Sohn kurz vor seiner Beerdigung noch einmal wiedersieht, ist sie entsetzt und schockiert über das, was sie vorfindet: Sven macht den Eindruck eines Greises und ist innerhalb weniger Stunden enorm gealtert, sein blondes Haar ist weiß geworden.

Seine Mutter gibt zu Protokoll:

‹Die Augen waren geschlossen, die konnte ich nicht sehen, die

Zunge hing raus, im Körper steckten Kanülen, die Narbe fing hier unter dem Hals an, das war nicht nur ein Bauchschnitt. Er sah aus, als wenn er einen ganz schlimmen Todeskampf hinter sich hatte – gequält. Ich habe mich immer wieder gefragt, was da passiert ist.›[37]

In diesem Bericht einer Organentnahme bei dem 19-jährigen Sven war das Wiedersehen mit dem explantierten Sohn der Auslöser für seine Familie, die Umstände seines Todes näher zu erforschen. Die Begegnung mit dem Wesen, das den Angehörigen in der Leichenhalle präsentiert wird, ist von einer erschreckenden Fremdheit gekennzeichnet, aber auch von dem Gefühl der Verunstaltung des vorher so vertrauten und geliebten Menschen. Eine solche Konfrontation führt in vielen Fällen dazu, dass Angehörige oft monate- oder gar jahrelang dieses Bild nicht vergessen können. Die erschreckende Fremdheit im Erinnerungsbild verhindert nicht nur den Trauerprozess, sondern führt häufig zu massiven Schuldgefühlen. Die Trauer wird verdrängt, und die Menschen bleiben in ihrem unsagbaren Leid stecken.

Derartige Erfahrungen mit einem explantierten Angehörigen stehen im Widerspruch zu der Versicherung der Transplantationsmedizin, die Integrität des Organspenders nicht zu verletzen und seine körperliche Unversehrtheit nach der Explantation wiederherzustellen. Fakt ist, dass die Leichen von Organspendern anders aussehen als die anderer Verstorbener. Durch eine telefonische Nachfrage bei verschiedenen Bestattungsinstituten erfuhr ich, dass die Haut von Organspendern in den meisten Fällen gräulich-weiß ist und der Leichnam Vergreisungen aufweist. Insofern erstaunt es wenig, dass Angehörige häufig davon abgehalten werden, sich die Leiche noch einmal anzuschauen. Das ist besonders grausam, wenn überhaupt keine Möglichkeit bestanden hat, sich zu verabschieden. Eine Frau berichtete mir weinend in einem Seminar:

«Mein Mann hatte die Angewohnheit, jeden Morgen eine halbe Stunde vor dem Frühstück im nahe gelegenen Park zu

74

joggen. An jenem Tag kehrte er nicht zurück, und ich fing an, mich über sein Ausbleiben zu wundern. Da bemerkte ich, dass ein Rettungswagen ungefähr fünf Meter vor unserer Haustür stand. Ich bezog das nicht auf meinen Mann und suchte ihn auf dem Weg, den er immer lief. Ich fand ihn nicht. Zwei Stunden später rief das Krankenhaus an, um mir mitzuteilen, dass mein Mann einem plötzlichen Herztod erlegen sei, ihm aber noch seine Organe entnommen werden konnten. Mein Mann trug immer seinen Organspenderausweis bei sich.

Ich fuhr ins Krankenhaus, um mich von ihm zu verabschieden. Der Arzt hielt mich davon ab, ihn noch einmal zu sehen. Ich war wie betäubt und in meinem Schmerz versteinert. Erst zwei Tage später rief ich meinen Anwalt an, um zu erwirken, die Leiche meines Mannes noch einmal sehen zu können. Der Anwalt erfuhr von der Krankenhausdirektion, dass diese aber bereits eingeäschert worden sei. Noch heute, vier Jahre nach seinem Tod, verstehe ich überhaupt nicht, was da geschehen ist. Ich habe sehr häufig Albträume.»

In diesem Beispiel wurde der verstorbene Mann schlicht und einfach entsorgt. Ein Trauma und ein nicht enden wollender Trauerprozess sind die Folge. Da wurde bewusst verhindert, dass sich die Frau von ihrem Mann verabschieden konnte, damit sie nicht mit dem zerstückelten Leichnam konfrontiert wird, der besonders bei Multiorganentnahmen typisch ist.

Bei vielen Angehörigen ist es sehr auffällig, dass extreme Trauer, Reue und Schuld einsetzen, nachdem sie einer Organspende zugestimmt haben. Sie fragen sich beständig, ob ihre Entscheidung richtig gewesen ist. Besonders Eltern transplantierter Kinder sind zutiefst erschüttert und entsetzt, wenn sie ihre Kinder nach der Explantation noch einmal gesehen haben. Der Trost, den die Vorstellung vermittelte, etwas Gutes getan zu haben, verblasst, wenn die Hinterbliebenen den Verlust realisieren und anfangen, sich über das vermeintliche Schicksal der Toten Gedanken zu machen.

Da die Entscheidung in einer Extremsituation getroffen wurde, muss sie in das Leben der Trauernden integriert werden. Es kommt aber schnell zu Zweifeln, ob richtig gehandelt wurde. Auch die Vorstellung, dass Teile des geliebten Menschen in einem anderen weiterleben, macht vielen schwer zu schaffen. Immer wieder höre ich die Aussage: «Ich würde nie wieder einem solchen Eingriff zustimmen.»

Die Fachliteratur ist voll von Beispielen, bei denen Angehörige neben dem Unglück, der Trauer und dem Entsetzen über einen plötzlichen Tod ihre Entscheidung zutiefst bedauerten und dadurch entsprechend traumatisiert wurden. Häufig kommt es auch vor, dass sich eine Familie mit Vorwürfen oder Unverständnis von Freunden oder Verwandten auseinandersetzen muss. Besonders nach kritischen Radiosendungen über das Thema der Organspende häufen sich solche Vorwürfe, und die Frage steht im Raum: Wie konntet ihr euer Kind ausschlachten lassen? So mancher bricht dann völlig zusammen. Mit diesem Leid werden die betroffenen Menschen oft alleine gelassen.

## Auswirkungen der Transplantation auf den Organempfänger

Die Transplantationsmedizin hat einen völlig neuartigen Patiententypus mit ganz eigenen psychischen Konflikten hervorgebracht. Anna Bergmann schreibt:

«Zwischen 50 bis 70 Prozent aller Empfänger von lebenswichtigen Organen (Herz, Leber, Niere, Bauchspeicheldrüse, Lunge) leiden an Persönlichkeitsveränderungen, Identitätskonflikten, Angst und Depressionen ... In den ersten beiden Wochen nach der Operation können bei Organempfängern Wahnzustände, im weiteren Verlauf Depressionen, Psychosen und selbst eine Suizidgefährdung auftreten.»[38]

Daneben treten auch Euphorie und Verwirrtheitszustände

auf. Vor allem sind Angstzustände zu verzeichnen, die sich in Wahnideen von Raub und Tötung widerspiegeln.

«Ich wurde misstrauisch, große Angst befiel mich. Jeder, der sich meinem Bett näherte, war plötzlich ein Feind oder doch suspekt. Da ich in einem großen Raum lag, wurde ein Unfallverletzter hereingeschoben und da versorgt. Ich hielt das Ganze für eine Komödie, mit deren Hilfe ich ins Jenseits befördert werden sollte.»[39]

In dieser Hinsicht mag sich mancher fragen, inwieweit sich hier nicht das Gedächtnis des explantierten Organs breitmacht, welches auf sein neues Umfeld, den Empfänger, einwirkt. In einer Selbsthilfegruppe sprach ein Patient vom Schrecken und der Verwüstung, die durch das Entzweien und dann wieder Zusammensetzen verursacht werden. Was macht eine Transplantation mit der Psyche eines Menschen?

Das Organ eines fremden Menschen, welches dem Empfänger eingepflanzt wurde, ist von dessen Energie besetzt. Insofern lebt ein Spender im Empfänger weiter. Durch diese Einverleibung des Körperteils eines anderen entstehen seelische Extremsituationen, die häufig in der sogenannten Transplantationspsychiatrie behandelt werden müssen. Diese spricht dann von Gedankenverzerrungen, Halluzinationen oder Deliriumszuständen als Folge der Nebenwirkungen der Immunsuppressiva und des Kortisons.

Eine Transplantation ist in vielen Fällen nur eine Verschiebung von Leid, da aufgrund der Organabstoßung lebenslang Immunsuppressiva verabreicht werden müssen. Das Immunsystem des Körpers wird stark geschädigt, und der Patient wird für kleinste Infekte anfällig, da die natürliche Abwehrkraft des Körpers geschwächt ist. Eine ständige Immunsuppression bewirkt das Wachstum von Bakterien, Pilzen und Viren, was häufig zu krebsartigen Erkrankungen führt. Andere müssen Abstoßungsperioden hinnehmen oder sogar mehrfach operiert beziehungsweise transplantiert werden. In vergleichsweise wenigen Fällen kommt es zu mehr als einer vorübergehenden Linderung von Beschwerden. Weitaus häufiger ist eine Transplantation eine Lebensverlängerung, für die ein hoher Preis entrichtet werden muss. Ständige Klinikaufenthalte sind die Folge, da immer wieder Untersuchungen fällig sind. Die Lebensqualität des Patienten wird durch die Nebenwirkungen der verabreichten Medikamente erheblich beeinträchtigt. Über alle diese Nebenwirkungen einer Organtransplantation wird in der Öffentlichkeit geschwiegen.

Ein Organempfänger empfindet das fremde Organ häufig als Eindringling, wodurch es auch zu einer Abstoßungsreaktion kommen kann. Durch den zerteilten Körper entsteht ein zerteiltes Selbst, mit dem gesprochen, verhandelt und gekämpft wird.

«Ein 16-jähriger Junge hatte furchtbare Probleme. Niemand wusste, warum er so unruhig war … Jedenfalls stellte sich heraus, dass er von der Idee besessen war, dass der Vorbesitzer dieses Herzens nicht gerne Moped gefahren sei. Er selbst fuhr gerne Moped und war sehr gut in der Schule, insbesondere in Mathematik. Jetzt überlegte er sich, ob er mit diesem Herzen noch Moped fahren könne und noch immer gut in Mathematik sei oder ob das sein ganzes Leben verändert hat.»[40]

Sehr häufig führen Patienten einen Dialog mit dem fremden Organ. Eine junge Nierenempfängerin schrieb:

«Mein Schmerz, dein Schmerz. Nie sollst du die Gewalt vergessen, die mir die behandschuhten Pranken angetan haben, als sie mich aus meiner Behausung stahlen. Nie sollst du die Angst loswerden, die Sehnsucht nach Ruhe. Meine Krankheit, deine Krankheit. Ich bin dein Atem. Ich bin dein Schmerz. Die Hände, diese riesigen Chirurgenhände, haben mich aus meiner Einheit herausgerissen und in den Spiegel entführt. Du, du zahlst das Lösegeld.»[41]

Die auftretenden Schuldgefühle bei Organempfängern haben sich oft schon im Vorfeld der Transplantation herausgebildet. Die Empfänger stehen häufig lange auf einer Warteliste und sind auf den für sie nützlichen Tod eines anderen Menschen angewiesen.

Dem Körper und der Seele werden dadurch psychische Leiden über die eigene Krankheit hinaus aufgezwungen. Dieser Druck endet dann mitunter in psychiatrischen Erkrankungen.

«Eine 20-jährige junge Frau … wurde nach einer Herz-Lungen-Transplantation depressiv, weil sie geträumt hatte, sie stürze sich mit spitzen Zähnen in ungeahnter Gier auf den Brustkorb eines anderen Menschen und fresse ihm das Herz heraus. Sie war sehr erschrocken über ihren Traum und erinnerte sich, wie sie vor der Transplantation oft ungeduldig bei Nebel oder Glatteis gehofft hatte, jetzt habe es jemanden ‹erwischt›. Sie hatte sich den Tod eines anderen Menschen wünschen müssen, wenn sie leben wollte. Man hatte ihr zwar gesagt, der Tod des Spenders habe nichts mit ihr zu tun, aber in der Tiefe des Unbewussten hängen Wunsch und Wunscherfüllung zusammen, und daher stammte ihr Traumbild.»[42]

## Persönlichkeitsveränderungen

In den vergangenen fünf Jahren wurden Ärzte und Psychologen auf ein bislang nicht für möglich gehaltenes Phänomen aufmerksam: Empfänger von Organen übernehmen Gewohnheiten und Vorlieben des Spenders, oder sie weisen Erinnerungen an das Leben dieser Menschen auf, die sie gar nicht kennen. Die Betroffenen haben dabei das Gefühl, nicht sie selbst zu sein. Eine Frau berichtete:

«Auf irgendeine nicht näher bestimmbare Weise war mein Ichgefühl zu einer Art Wir geworden. Manchmal fühlte es sich so an, als ob ich meinen Körper mit einer zweiten Person teilte.»[43]

Persönlichkeitsveränderungen nach einer Organtransplantation zeigten sich beispielsweise in der Vorliebe einer bestimmten Nahrung, eines gänzlich anderen Musikgeschmacks, sportlicher Aktivitäten oder sogar sexueller Präferenzen.

Einer der bekanntesten Fälle von Persönlichkeitsveränderungen ist der Fall von Claire Sylvia. Durch eine lebensgefährliche Lungenschwäche musste sie sich einer Herz-Lungen-Transplantation unterziehen. Sie erhielt die Organe eines 18-jährigen Mannes und stellte nach dem Aufwachen aus der Narkose fest, dass sich ihr ganzes Wesen veränderte. Sie hatte das Gefühl, dass jemand tief in ihrem Inneren in ihr Leben eingriff. Eigenschaften des Spenders übertrugen sich auf Claire. Daher begann sie mit einer aufwendigen Suche nach ihrem Spender.

Vor der Operation war sie Vegetarierin und entwickelte nach der Operation einen Heißhunger auf grüne Paprikaschoten, Chicken Nuggets und Bier. Das waren alles Dinge, die sie vorher absolut verabscheute. Als sie schließlich die Familie des Spenders auffand, erfuhr sie, dass dies das Lieblingsessen des Spenders gewesen war. In ihrem Buch «Herzensfremd» schildert sie ein anderes Beispiel aus ihrer Selbsthilfegruppe für Transplantierte:

«Mario, ein energiegeladener früherer Schiffbauer um die fünfzig, der kein Blatt vor den Mund nahm, hatte das Herz eines Mannes erhalten, der halb so alt war wie er. Vor der Transplantation hatte Mario an sehr schmerzhaften Anfällen von Angina pectoris gelitten. Trotz aller Qualen, die er durchlitt, und obwohl er sich nicht für besonders religiös hielt, hatte Mario einer Transplantation erst zugestimmt, als sein Gemeindepfarrer ihm versichert hatte, dass er damit kein kirchliches Dogma verletzen würde. Als die ersten Organtransplantationen aufkamen, war Mario dagegen gewesen: ‹Sachen reparieren ist in Ordnung. Aber sie durch andere zu ersetzen? Ich hielt es damals nicht für richtig. Aber ich wollte auch gern am Leben bleiben.›

Nach der Transplantation waren Mario und seiner Frau eine Reihe von Veränderungen seiner Gewohnheiten aufgefallen. Vorher hatte er keine Bananen gemocht; jetzt schmeckten sie ihm. Er hatte selten etwas zum Nachtisch gegessen; jetzt liebte er süße Sachen. Und er war vorher geradezu pingelig ordentlich gewesen, während er jetzt alles viel entspannter sah. Marios Frau fand es völlig natürlich, dass er sich verändert hatte: ‹Selbstverständlich ist er jetzt anders. In ihm sind doch nun Gene und Energie aus einem fremden Körper. Das muss sich doch auswirken.»[44]

Paul Pearsall, ein amerikanischer Psychoneurologe, hat die Übertragung von Erinnerung durch Organtransplantationen untersucht. 2002 führte er eine Studie durch, um die Persönlichkeitsveränderungen nach einer Herztransplantation zu untersuchen. Aus dem vorliegenden Material möchte ich ein paar ausgesuchte Beispiele wiedergeben:

«Ein 18 Jahre alter Junge wurde durch einen Verkehrsunfall getötet. Er schrieb Gedichte, machte Musik und komponierte Lieder. Ein Jahr nach seinem Tod fanden die Eltern eine Kassette mit dem selbstgeschriebenen Song ‹Danny, mein Herz gehört dir›. Er beschäftigt sich in dem Lied damit, dass er sterben wird und dass er sein Herz spenden möchte. Die Empfängerin seines Herzens war ein 18-jähriges Mädchen mit dem Namen Danielle. Es kam zu einem Treffen zwischen der Empfängerin und den Eltern des Spenders, wobei die Eltern das Lied spielten. Danielle hatte nie zuvor dieses Lied gehört, und doch konnte sie spontan die einzelnen Strophen teilweise mitsingen.»

«Ein 47-jähriger Mann bekam das Herz eines 17-jährigen Afroamerikaners. Der Empfänger war sehr erstaunt, als er sich nach der Operation plötzlich für klassische Musik zu interessieren begann. Später fand er heraus, dass der Spender klassische Musik liebte.»

«Eine 29-jährige lesbische Frau, die Fastfood liebte, bekam das Herz einer mannstollen 19-jährigen Vegetarierin. Nach der Operation konnte sie kein Fleisch mehr essen und heiratete einen Mann.»

«Ein 8-jähriges Mädchen bekam das Herz einer 10-Jährigen, die ermordet worden war. Nach der Operation hatte sie schreckliche Albträume über den Mann, der ihre Spenderin ermordet hatte. Ihre Beschreibungen waren so genau, dass ihre Mutter und eine zugezogene Psychiaterin die Polizei informierten. Durch die konkrete Beschreibung des Mädchens konnte der Mörder ermittelt werden. Sämtliche Aussagen über die Zeit der Tat, die benutzte Waffe, den Ort, die Kleidung und was das Opfer zu seinem Mörder gesagt hatte stimmten exakt überein.»[45]

Diese Beispiele aus der Pearsall-Studie zeigen in aller Deutlichkeit, dass offenbar Teile der Energie eines Verstorbenen über die Organe auf den Empfänger übertragen werden. Die spezifische, individuelle Lebensenergie eines Menschen ist offenbar in jeder Zelle gespeichert. Durch die Übertragung eines fremden Organs werden also Persönlichkeitsanteile und Erinnerungen der betroffenen Person auf einen anderen Menschen übertragen. Dass infolge einer Transplantation Angst und Schuldgefühle oder gar Verwirrtheit mit psychotischen Episoden auftreten, mag auch damit zu tun haben, dass sehr viele Patienten berichten, den konkreten Todesvorgang des Spenders vor ihrem geistigen Auge zu sehen. Von allen diesen Komplikationen und der psychischen Schwierigkeit nach einer Organtransplantation ist in der öffentlichen Werbung um Organspenden niemals die Rede.

Jeder von uns sollte sich frühzeitig einen persönlichen Standpunkt zur Organspende bilden. Letztlich geht es auch hier um den Eigenwillen des Menschen, der dann ein Seelenentscheid ist. Deswegen ist es wichtig, auch die geistigen Hintergründe und feinstofflichen Vorgänge bei einer Organtransplantation zu kennen.

# 5. Kapitel

# Aspekte des plötzlichen Todes

## Die Reaktion der Angehörigen

Wenn ein Mensch plötzlich und unerwartet aus dem Leben gerissen wird, bricht für die betroffene Familie von einem Augenblick zum anderen die Welt zusammen. Keiner von uns ist auf einen plötzlichen Tod vorbereitet. Die unmittelbaren Reaktionen sind Fassungslosigkeit, Nicht-wahrhaben-Wollen und ein tiefer, kaum zu bewältigender Schmerz. Der plötzliche Verlust eines Angehörigen löst einen absoluten Schock aus. Es ist ein großer Unterschied zu einem lang andauernden Sterbeprozess, bei dem die Angehörigen die notwendige Zeit haben, sich auf das Sterben einzustellen. Als besonders schmerzlich wird empfunden, sich nicht verabschieden zu können.

Wenn das Schlimmste, das Undenkbare geschehen und ein geliebter Mensch, ob Kind, Jugendlicher oder Erwachsener, gestorben ist, stehen bei den Angehörigen immer die gleichen Fragen im Raum: «Warum?», oder: «Warum lässt Gott das zu?» Auch bei jedem größeren Unglück, das geschieht, werden stets diese Fragen gestellt. Es sind aber die falschen Fragen, auf die es meistens keine Antworten gibt.

Wenn wir den Schmerz annehmen, hindurchgehen und ihn verwandeln können, werden wir nie mehr dieselben sein wie vor einem solchen Unglück. Der plötzliche Unfalltod eines Kindes kann dazu führen, dass, wenn wir das Geschehnis akzeptieren, wir einen direkten Anschluss an unsere innere Kraftquelle finden. Es sind solche Situationen, von denen wir nie gedacht hätten, dass wir sie überleben könnten, die zu einem Wendepunkt in unserem Leben führen und auch zu einer völligen Neuorientierung. In diesem Gesamtzusammenhang ist es wichtig zu wissen, dass wir uns durch Schuldzuweisungen an andere in unserer Trauerarbeit absolut blockieren.

«Unser 22-jähriger Sohn Marco war mit seinem besten Freund zu einer Disco in den Nachbarort gefahren. Gegen 1.00 Uhr nachts wollte der Freund nach Hause, und Marco stieg in den Wagen. Der junge Mann fuhr viel zu schnell und verlor die Kontrolle über seinen Wagen. Er raste frontal gegen einen Baum. Wie durch ein Wunder blieb er unverletzt, doch unser Sohn wurde aus dem Beifahrersitz herausgeschleudert und starb noch an der Unfallstelle. Seit diesem Tag ist mein Mann wie versteinert. Er ist der festen Überzeugung, dass der Freund die Schuld am Tod unseres Sohnes hat. Er bemühte sich, mit meinem Mann zu sprechen, doch er will ihn nicht sehen. Wir kommen an meinen Mann nicht heran. Er kann Marcos Tod nicht akzeptieren.»

Jeder Trauerprozess setzt erst in dem Moment ein, in dem der Tod akzeptiert wird. Solange das nicht der Fall ist, ist ein Betroffener in seinem Lebensfluss blockiert. Schuldzuweisungen an andere helfen niemals weiter und vermögen den Schmerz nicht zu lindern. Gedanken an Schuld und Sühne lassen uns verbittern und erhärten, da wir das Schicksal nicht annehmen. Genauso verhält es sich mit dem Was-wäre-wenn-Denken. Wie oft höre ich ähnliche Sätze in meinen Seminaren: «Wenn mein Sohn nicht mit seinem Freund in die Disco gefahren wäre, würde er noch leben.»

Dieses Wunschdenken führt allenfalls zu Wut und Zorn. In Wirklichkeit gibt es gegen die Wechselfälle des Lebens keine Sicherheiten, da wir das Schicksal und schon gar nicht den Tod eines Menschen nicht kontrollieren können. Wenn Marco an jenem Abend nicht in die Disco gefahren wäre, wäre sein Tod durch andere Umstände herbeigeführt worden. Dem Tod eines

Menschen geht ein Seelenentscheid voraus. Der Tod wird dann auf jeden Fall eintreten. Selbst wenn wir Vorahnungen haben oder die genauen Umstände eines Todes vorausträumen, werden wir das Schicksal nicht abwenden können.

Als Angehörige bewerten wir den Tod eines Menschen. Grundsätzlich gilt kein Tod als normal, der vorher nicht irgendwie absehbar war. Sterben gilt als Zumutung, als persönlicher Angriff des Schicksals, besonders wenn ein Kind ums Leben kommt. Wir bewerten den Tod nach Lebensjahren und verkennen, dass der normale Tod, nach dem wir alt werden und dann langsam an Altersschwäche sterben, so gar nicht existiert.

Da wir Tod und Sterben tabuisiert haben, neigen wir dazu, Leben ausschließlich nach seiner Dauer zu bewerten. Deswegen sehen wir Unfälle und Unglücke als tragische Zufälle an. Aber nichts, was uns im Leben widerfährt, ist zufällig – am wenigsten der Tod eines Menschen! Jeder Einzelne von uns ist in einen größeren geistigen Sinnzusammenhang eingebunden. Insofern hat alles, was geschieht, einen tieferen Sinn, unabhängig davon, ob wir das über unseren Verstand erfassen können oder nicht.

Jeder Einzelne von uns ist in diese Welt geboren worden, weil es seinem eigenen Willen entsprach und weil er hier eine ganz spezifische Lebensaufgabe zu erfüllen hat. Wenn diese Lebensaufgabe erfüllt ist – was immer das sein mag, sie muss uns nicht bewusst sein –, ist der Wunsch, leben zu wollen, nicht länger wirksam. Das bedeutet, dass selbst ein Kind, das nur drei Monate gelebt hat, ebenso seine Aufgabe erfüllt hat wie jemand, der mit 90 Jahren stirbt. Das mag uns abstrus erscheinen, aber ein Säuglingstod hinterlässt in den meisten Fällen seelisch-geistiges Wachstum in der betroffenen Familie, und dieses kann einen tiefen Sinn enthalten.

## Der Übergang beim plötzlichen Tod

Eine der häufigsten Fragen in meinen Veranstaltungen ist, wie ein Betroffener bei einem plötzlichen Tod seinen Übergang erlebt, da ja der äußere Sterbeprozess wegfällt.

Jede Seele durchläuft vor ihrem Übergang in die andere Welt einen inneren Klärungsprozess, um zu einer Akzeptanz ihres Todes zu gelangen. Gewöhnlicherweise erfolgt dieser Prozess im Sterben des Menschen durch die fünf inneren Sterbephasen (vgl. dazu mein Buch «Geheimnis Sterben»). Wenn ein Sterbender bereit ist, die unerledigten Dinge seines Lebens zu klären, und seine Ängste zu durchschreiten vermag, kann es zu einer Vollendung kommen: Der Sterbende akzeptiert den sich nahenden Tod. Indem er «Ja» sagt, ist er in Übereinstimmung mit seiner Seele und dem Willen Gottes.

Bei einem länger andauernden Sterbeprozess verliert der Körper langsam, aber unaufhörlich seine Kraft. Die Seele lockert sich, und der Sterbende bekommt daher alles mit, was um ihn herum geschieht. Der Betroffene erkennt, dass sein Körper nicht länger funktionieren wird. Da sich der Schleier zwischen dieser und der anderen Welt durch die Lockerung der Seele vom Körper hebt, bemerkt der Sterbende die Anwesenheit vorangegangener Angehöriger oder Lichtwesen, die ihn abholen wollen. Je mehr an Gegenwehr oder Auflehnung gegen den nahenden Tod vorhanden ist, umso schwieriger und problematischer gestaltet sich der Sterbeprozess eines Menschen.

Bei einem plötzlichen Tod, durch welche äußeren Umstände auch immer, erfolgt dieser innere Klärungsprozess in Sekundenschnelle. Auch hier geht es um die Frage der Akzeptanz: Kann die Seele ihren Übergang akzeptieren, oder sträubt sie sich? Die inneren Vorgänge beim Sterben sind bei einem plötzlichen Tod nicht länger an Zeit und Raum gebunden, da sich die Seele quasi von einer Sekunde zur anderen ruckartig vom Körper löst. Der Betroffene erlebt eine unmittelbare Bewusstseinskontinuität und ist in dem Moment schmerzfrei, in dem der Körper verlassen wird. Es ist wichtig zu wissen, dass die inneren Sterbephasen immer durchlaufen werden, da jeder Mensch zu einem seelischen Einverständnis seines Sterbens gelangen muss. Dabei stehen uns hilfreiche Geistwesen zur Verfügung, egal, ob es sich dabei um Verstorbene, Engel oder Lichtwesen handelt. Dieses «Ja»-Sagen erfolgt dann in der Zeitlosigkeit, da die Seele den Körper bereits verlassen hat und die Silberschnur durchtrennt ist. Das Erleben und Durchschreiten der inneren Sterbephasen sind beim plötzlichen Tod also nicht länger an irgendwelche menschlich relevanten Zeitvorstellungen gekoppelt.

Jede Seele wird ihren ureigenen, individuellen Prozess des Überganges durchlaufen, bis sie ihren Tod akzeptieren kann. Es offenbart sich das Eingebundensein jedes Einzelnen in den größeren geistigen Sinnzusammenhang unseres Lebens: Die Einwilligung des Menschen in die Notwendigkeit seines Sterbens ist dann auch die Akzeptanz des Willens Gottes. Je mehr ein Mensch Gottvertrauen aufbringen und voller Überzeugung sagen kann: «*Dein* Wille geschehe», und nicht: «*Mein* Wille geschehe», desto einfacher ist es für die Seele loszulassen. Insofern kann ein plötzlicher Tod durchaus positiv erlebt werden, da der Seele niemals etwas verlorengehen kann.


## Vorahnungen


Besonders bei plötzlichen Todesfällen gibt es im Nachhinein sehr viele Hinweise, die erkennen lassen, dass jemand seinen bevorstehenden Tod geahnt hat. Als ich 2003 mein Buch «Keine Seele geht verloren» veröffentlichte, welches sich erstmalig mit dem plötzlichen Tod beschäftigte, ahnte ich nicht, welch große Resonanz ich damit hervorrufen würde. Seither haben mir Leser immer wieder von ihren Vorahnungen in langen Briefen oder in meinen Seminaren berichtet. An dieser Stelle möchte ich einige dieser Beispiele zitieren. Dabei zeigt sich, dass es ein inneres – natürlich oft unbewusstes – Wissen darüber gibt, wann der Todeszeitpunkt eines Menschen gekommen ist. Wie jeder Sterbende weiß, dass sein Übergang bevorsteht, vermitteln die meisten Menschen, die plötzlich und unerwartet sterben, dass sie ein unbewusstes Wissen von ihrem Ableben gehabt haben.

Wenn wir uns nun näher mit den Vorahnungen beschäftigen wollen, sei darauf hingewiesen, dass die eigentliche Bedeutung dieser Aussagen immer erst im Nachhinein erkannt werden kann. Forscher auf der ganzen Welt haben diesen inneren Prozess der Ablösung immer wieder bestätigt. Auch Therapeuten und Seelsorger, die Todesnachrichten überbringen, erleben bei den Angehörigen immer wieder, dass auch diese derartige Vorahnungen hatten: Hinterbliebene wussten oft, dass ein Familienmitglied gestorben ist. Manche erlebten den Sterbemoment sogar innerlich mit. Andere waren durch Ankündigungen des Betroffenen auf den Tod vorbereitet oder träumten vorher davon.

Der 18-jährige Bastian war mit zwei Freunden bei einem Verkehrsunfall ums Leben gekommen. Seine Mutter hatte ungefähr fünf Wochen vor dem Geschehen dreimal hintereinander von Bastian geträumt. Jedes Mal sah sie ein Bild, wie sie ihren Sohn auf dem Friedhof besuchte. Schon im Traum empfand sie einen tiefen Seelenschmerz. Sie hat mir später erzählt, dass diese Träume sie auf den tatsächlichen Verlust vorbereitet hätten. Bei vielen Menschen sind Persönlichkeitsveränderungen Monate oder Wochen vor dem eigentlichen Geschehen festzustellen. Hierzu zwei sehr ausführliche Beispiele:

«Einige Monate vor dem Tod meines 14-jährigen Sohnes Karl veränderte sich dieser in seiner Persönlichkeit. Er sah mich häufig mit unglaublich traurigen Augen an, verbrachte plötzlich die meiste Zeit zu Hause und sah täglich den Film ‹Stadt der Engel› auf Video und spielte immer wieder die Filmmusik.

Zwei Monate vor dem Unfall stürzte er mit dem Fahrrad. Ich fragte ihn immer wieder: ‹Wann kaufen wir ein neues Rad?› Er sagte: ‹Ich brauche keins mehr.› Auch als ich vor dem Urlaub neue Joggingschuhe für ihn kaufen wollte, sagte er: ‹Ich brauche keine mehr.› Zwei Stunden vor seinem Tod wurde er plötzlich sehr traurig. Er sah so aus, als würde er jeden Moment zu weinen beginnen. Ich fragte, ob ich etwas für ihn tun könne. Er sprach kein Wort, schüttelte auf alle Fragen nur leicht den Kopf. Dann legte er sich hin und schlief eine Stunde. Danach – wir waren mit unserem Segelboot in Kroatien unterwegs – stellte sich Karl ans Steuer, als uns ein großes Motorboot mit voller Geschwindigkeit von hinten überfuhr. Karl starb. Alle anderen blieben unverletzt.»

«David, unser ältester Sohn, hat seit seiner Jugendzeit immer wieder erwähnt, dass er nicht älter als 30 Jahre werden würde. Dies offenbarte er vorwiegend seiner Familie, aber auch näheren Freunden. Er sagte dies voller Überzeugung, klar und ohne große Emotionen. Wenn wir ihn darauf ansprachen und fragten, warum er das meine, antwortete er einfach, dass es so sein werde und dass er dies wisse. Genaueres konnte er dazu nicht sagen.

David war ein sehr lebensfroher Mensch, der sehr aktiv im Leben stand. Er hatte eine langjährige Partnerschaft, einen großen Freundeskreis und machte sich vor kurzem erfolgreich selbständig, hat also überhaupt nicht auf sein bevorstehendes Ende hingelebt. Einzig Kinder wollte er keine, das hat er schon sehr früh so entschieden (auch wieder ohne nähere Erklärung und sicher nicht aus Abneigung Kindern gegenüber). Suizidgedanken konnten wir bei ihm aufgrund seiner Lebensfreude ausschließen.

Vor seinem Tod hat er sich auffallend häufig das Lied ‹Leaving on a Jet Plane› angehört, das von der Schwierigkeit eines Abschieds erzählt. (All my bags are packed, I'm ready to go ... I hate to wake you up to say good-bye ... (die Todesnachricht kam in der Nacht; Anm. d. Verf). I don't know, when I'll be back again ...) Nach Beobachtungen seiner Partnerin hat er in dieser Zeit auch auffallend intensiv geträumt. Es gibt noch weitere Handlungsweisen, die im Nachhinein auf seinen bevorstehenden Tod hinweisen, wie das Räumen des Kellers, das Beenden von Aufträgen und so weiter. An seinem Todestag kehrte er nach der Arbeit nach Hause zu seiner Partnerin zurück, sagte, dass ihm übel sei, dann, dass ihm schwarz vor Augen wäre. Anschließend brach er bewusstlos zusammen. Der herbeigerufene Notarzt versuchte sehr lange, ihn zu reanimieren, aber David kam nicht mehr zurück. Sein Gesichtsausdruck zeigte, dass auch er irgendwie von seinem plötzlichen Tod überrascht war. Am Sterbebett hatten wir alle das Gefühl, dass sich David sehr schnell von dieser Erde entfernt hat.

Untersuchungen am rechtsmedizinischen Institut in Zürich haben ergeben, dass David wohl seit seiner Kindheit an einer Herzschwäche litt, ohne dass jemand davon etwas bemerkt hat. Er hatte nie irgendwelche gesundheitlichen Probleme, die darauf hingewiesen hätten. Auf einer Indienreise vor ein paar Jahren erwähnte er gegenüber seinem jüngsten Bruder, dass er überzeugt sei, an einer unheilbaren Krankheit zu leiden. Er hatte zwar keine Symptome, aber sich auch nie gründlich untersuchen lassen.

Es ist für uns, nebst dem großen Schmerz, ihn so schnell verloren zu haben, auch tröstlich, dass er wohl von seiner kurzen Lebenszeit gewusst und sein Leben entsprechend gestaltet hat. In Briefen an eine Jugendfreundin philosophiert er ausführlich über den Sinn des Lebens, über seinen persönlichen Lebensauftrag und seine Vorstellungen vom Sterben. Diese Texte zeugen von einer großen Reife und sind für uns voller Trost, Dankbarkeit und Zuversicht.»

Derartige Verhaltensveränderungen stehen für sich. Meistens beginnt ein Betroffener damit, unerledigte Dinge zu klären. Andere verfassen Testamente oder Informationen darüber, wie unvollendete Projekte fortgeführt werden sollen. Wieder andere laden plötzlich ihren ganzen Bekannten- und Freundeskreis ein und tauschen sich mit jedem Einzelnen noch einmal aus.

«Mein Cousin Albert war immer ein sehr stiller und zurückgezogener Mensch gewesen. Eine Woche vor seinem Tod – er war Elektriker und erlitt bei der Reparatur einer Leitung einen tödlichen Stromschlag – hat er uns alle unerwartet eingeladen. Albert wirkte sehr ausgelassen, und es war, als ob er sich bewusst mit jedem Anwesenden auseinandersetzte. Einen so freudigen und lebhaften Abend haben wir noch nie mit ihm verbracht. Ich hatte den Eindruck, als würde bei ihm eine ganz wichtige Veränderung bevorstehen. Wenige Tage später war er tot.»

Eine gewisse innere Unruhe kann sich auch auf die Angehörigen übertragen: Der 17-jährige Achim starb durch einen schweren Verkehrsunfall. Drei Wochen vor dem Unglück musste seine Mutter fast zwanghaft denken: Was ist, wenn Achim nicht mehr ist? Am Tag seines Todes räumte Achim besonders gründlich sein Zimmer auf und bezog sogar sein Bett neu, etwas, was er zuvor noch nie getan hatte. Als er sich von seiner Mutter verabschiedete, nahm er sie in die Arme, und mit einem Blick, der ihre Seele berührte, sagte er: «Ich danke dir für alles, was du für mich getan hast.» Seine Oma erinnert sich, dass er drei Wochen vor seinem Tod in einem Gespräch über den toten Großvater äußerte: «Wenn ich jetzt sterbe, ist es gut.»

Am Vortag seines Todes ging Achim mit seinen Freunden auf ein Volksfest und kaufte sich dort spontan, obwohl er sich eigentlich kaum für religiöse Dinge interessierte, ein silbernes Kreuz. Seine Lehrerin erinnerte sich später daran, dass Achim ein halbes Jahr vor seinem Tod in einer Unterrichtsstunde äußerte: «Ich werde nicht alt.»

Dazu noch ein weiteres Beispiel: «Einige Wochen vor dem plötzlichen Tod meines Mannes kam mir fast zwanghaft immer wieder der Gedanke: ‹Was bleibt mir, wenn dem Klaus etwas passiert?› Er hätte im Dezember seinen 60. Geburtstag gehabt. Eigentümlicherweise sagte er, dass er ihn nicht feiern wolle.

Als wir wenige Wochen vor seinem Tod mit Freunden zusammensaßen, sprachen sie ihn auf das bevorstehende Ereignis an. Mein Mann sagte wörtlich: ‹Es wird nichts mit dem Feiern. Ich weiß nicht, wo, aber ich werde an dem Tag nicht da sein.› Später erfuhr ich von einer guten Freundin, dass sie seinen Tod vorausgeträumt habe.

Ein guter Freund von ihm, mit dem er stets angeln ging, erzählte mir, dass sich Klaus nach seinem Tod von ihm verabschiedet habe. Zwei Tage danach ging er fischen. Seine Angel saß plötzlich fest, und er dachte zunächst, sie hätte sich in einem Hindernis verhakt. Wie sich aber herausstellte, hing ein Waller von 175 Zentimeter Größe, 35 Kilogramm schwer, an seiner Angel. So etwas hatte er bislang noch nie erlebt, und er interpretierte dies als Gruß seines verstorbenen Freundes, mit dem er so oft fischen gegangen war. Für ihn war das kein Zufall.»

Alle diese subtilen Ahnungen lassen sich erst im Nachhinein als ein unbewusstes Wissen über den bevorstehenden Tod erkennen. Die Nähe, die sich plötzlich in Alltagssituationen herstellt, und der tiefe Austausch von Gefühlen und Gedanken sind typisch dafür. Kurz vor dem eigentlichen Tod wirken die Betroffenen ruhig und friedlich. Sie sind dabei sogar oft in einer euphorischen Stimmung. Dieses Muster der inneren, unbewussten Ablösung ähnelt dem Aufarbeiten unerledigter Dinge im Sterbeprozess. Er wurde von Forschern auf der ganzen Welt bestätigt, und das schon bei Personen ab einem Alter von vier Jahren und sogar bei Menschen, die später ermordet wurden.

Eine Mutter, deren Tochter von ihrem Exfreund erschossen wurde, berichtete mir von dem seltsam-euphorischen Verhalten ihrer Tochter einen Abend vor dem Mord: «Wir waren uns an diesem Abend so nahe wie noch nie und lachten sehr viel. Und doch war so etwas wie Abschied in der Luft. Wir hatten beide eine dumpfe Vorahnung von Tod. Ich hatte diese Empfindung ganz stark. Wir waren sehr euphorisch, so als ob ein neuer Lebensabschnitt beginnen würde. In der gleichen Nacht wurde sie von ihrem Freund in unserem Haus erschossen.»

## Der Mechanismus des Körperaustritts

Wenn jemand einen Unfall überlebt hat und man ihn später nach seinen Eindrücken befragt, so ist festzustellen, dass die Erinnerung des Betroffenen vor dem eigentlichen Unfallgeschehen endet. Hunderttausende entsprechender Nahtoderfahrungen dokumentieren dies in eindrücklicher Weise. Aus etwa 50 Prozent aller berichteten Todesnäheerlebnisse, die durch Unfälle zustande gekommen sind, lässt sich schließen, dass wir unseren Körper schon vor dem eigentlichen Unfallgeschehen verlassen. Es wird eine Bewusstseinskontinuität erlebt. In Schock- oder gefährlichen Situationen gibt es offenbar einen Mechanismus, der einen unmittelbaren Körperaustritt zur Folge hat. Der Betroffene schwebt über der Unfallstelle und nimmt dort alles wahr, was geschieht. Gleichzeitig entfalten sich die Elemente einer Nahtoderfahrung. Im außerkörperlichen Zustand sind alle körperlichen Beschwerden und Schmerzen verschwunden. Erst wenn die Betroffenen auf der Intensivstation zu sich kommen, setzt der körperliche Schmerz wieder ein. Schmerz ist an den biologischen Körper gebunden.

Das kann ein sehr hilfreiches Wissen für Angehörige sein, die einen Angehörigen durch einen Unfall verloren haben. Wir schauen allzu häufig darauf, was mit dem Körper bei dem Unfall geschehen ist. Angehörige basteln sich daraus oft ein Horrorszenario, in dem sich der eine Moment des Unfalls – als das Bein, der Kopf oder der Arm abgerissen wurde – ständig wiederholt. Man imaginiert den vermeintlichen Schmerz, den der Beteiligte dabei gefühlt haben mag. So schauen wir nur ins Außen und verkennen, dass das innere Erleben, wie im Sterbeprozess, völlig getrennt vom Körper zu sehen ist. Das eigentliche Geschehen wird vom Unfallopfer gar nicht mehr wahrgenommen, da sich Bewusstsein und Wahrnehmung bereits jenseits von Raum und Zeit befinden. Diese Tatsache ist sehr tröstlich.

## Die geistigen Hintergründe
## von Naturkatastrophen

Die Urkraft hinter allem Sein ist Liebe, und alles, was geschieht, hat einen tieferen Sinn, selbst wenn wir diesen über unseren Verstand nicht immer erfassen können. Dies trifft auch auf das unermessliche Leid durch Naturkatastrophen oder Kriege zu. Die geistigen Abläufe bei einer großen Naturkatastrophe können wir nur dann verstehen, wenn wir uns klarmachen, dass kein Tod zufällig ist. Der Tod dient den Absichten des Einzelnen. Alles, was geschieht, ereignet sich im Einverständnis mit den unbewussten seelischen Bedürfnissen oder Wünschen des Menschen. Kein einziger Tod ereignet sich also ungebeten!

Sterben ist eine biologische Notwendigkeit, die der Arterhaltung und gleichzeitig dem Fortbestehen der Menschheit dient. Nach Ablauf einer gewissen Zeit können wir die Fülle der immer neuen geistig-seelischen Energien körperlich nicht länger ertragen, weil die Seele dem Körper entwächst. In unserem tiefsten Inneren wissen wir, dass wir nicht wirklich sterben können und unser Bewusstsein den Tod überdauert. Jeder Mensch entscheidet vor seiner Geburt, dass er leben will, und er stirbt, wenn dieser Wunsch nicht länger wirksam ist. Es liegt also, unabhängig von der Todesart, immer ein Seelenentscheid zugrunde.

Wenn wir das Gefühl haben, eine bestimmte Lebensaufgabe erfüllt zu haben, oder feststellen, dass es keine Hoffnung gibt, aufgrund welcher Umstände auch immer, die Lebensaufgabe zu erfüllen, sehnen wir uns danach, in unsere eigentliche Heimat zurückzukehren. In diesem Fall ist die Reibungslosigkeit des biologischen oder seelischen Ablaufs verlorengegangen. Ein plötzlicher Tod durch Suizid, ein Autounfall oder ein ähnliches Unglück kann dann die Folge sein.

Biologische, psychische, gesellschaftliche oder wirtschaftliche Faktoren können dazu führen, dass große Gruppen von Menschen zu einem bestimmten Zeitpunkt sterben wollen. Dann kann ein Massensterben durch eine Epidemie oder eine Natur-katastrophe die Folge sein. In den Krisenregionen dieser Welt ist es daher für das Überleben ganzer Völker, die von Aids, Hunger, Seuchen, Überbevölkerung, Bürgerkriegen und so weiter geplagt sind, von ausschlaggebender Wichtigkeit, die Lebens-bedingungen gefährdeter Menschen zu verbessern.

Wir sind im Positiven wie auch im Negativen unsere Gedanken und damit Urheber von allem Umweltgeschehen. Glaubens-überzeugungen, die Angst, Apathie und Verzweiflung innerhalb einer Bevölkerung nähren, wirken sich seelisch und biologisch auf den Menschen aus. Unhaltbare soziale und politische Zu-stände, welche die Lebensqualität, besonders die in der Dritten Welt, zu sehr einschränken, kulminieren deswegen immer in großen Katastrophen. Je negativer die Gedanken der Bevölke-rung in Krisenregionen sind, umso wahrscheinlicher ist ein Massengeschehen – eben weil diese Seelen aufgrund der Aus-weglosigkeit ihrer Lebenssituation keinen Grund mehr haben, weiterleben zu wollen. Werden die Widerstände eines Volkes gegen soziale oder politische Ungerechtigkeiten nicht beachtet, treten als Regulativ Epidemien, Naturkatastrophen oder Kriege auf.

## Die Katastrophe in Asien

Riesige Flutwellen zerstörten am 26. Dezember 2004, dem zweiten Weihnachtsfeiertag, große Teile Südasiens. Es handelte sich hierbei um eine der größten Naturkatastrophen aller Zei-ten. Hunderttausende Menschen wurden von einem Moment zum anderen aus dem Leben gerissen, darunter auch unzählige Europäer. Millionen Menschen wurden obdachlos, ganze Land-striche und Städte ausradiert.

Angesichts eines solch unvorstellbaren Massensterbens inner-halb weniger Minuten oder Stunden fragt man sich: «Warum lässt Gott das zu? Wo war Gott? Gibt es ihn überhaupt?» Hinter diesen Fragen steht die Hilflosigkeit, da ein solches Naturgeschehen die Vorstellungskraft des menschlichen Verstandes übersteigt und alle scheinbare Logik außer Kraft setzt.

Leid und Schmerz hat es zu allen Zeiten der Geschichte gegeben, und es gibt Leid, das unverständlich bleiben wird. Wir können es nur Gott übergeben, wenn wir darauf vertrauen, dass wir alle in einen größeren geistigen Sinnzusammenhang eingebunden sind, in welchem alles, was geschieht, Sinn hat. Als Menschen werden wir diesen freilich niemals begreifen.

Wir leben ewig, und der Tod ist nur ein Wechsel in eine andere Dimension des Seins. Lebende und Verstorbene sind nie wirklich voneinander getrennt. Solange der Mensch aber die Notwendigkeit des Todes nicht erkennt, wird er auch nicht begreifen, warum wir hier sind: Wir leben auf dieser Erde, um seelisch und geistig zu wachsen und lieben zu lernen. Nicht von ungefähr führt eine große Katastrophe immer auch dazu, dass Menschen, die sich, wie in den Bürgerkriegen Indonesiens, feindlich gegenüberstanden und sich als getrennt vom anderen sahen, plötzlich einander nahe kommen, um gemeinsam zu handeln. Die ungeheure, weltweite Solidarität mit den Überlebenden und Bedürftigen von Naturkatastrophen sowie das Aufbringen enormer Spendensummen zeigen die Hilflosigkeit des Menschen angesichts der Naturgewalten. Für kurze Zeit bemerkt der Mensch, dass er hier Kräften gegenübersteht, die weit über ihn hinausgehen.

Wir neigen gerade angesichts großen Leides dazu, Gott für alles verantwortlich zu machen, was auf dieser Welt geschieht. Wir verkennen, dass wir von unserem eigentlichen Wesen her geistiger Natur und auf der Erde in einen Körper inkarniert sind, um bestimmte Aufgaben zu erfüllen. Dass wir dies im Laufe des Lebens vielleicht vergessen, ist eine Sache, aber dennoch ist keiner von uns seiner Eigenverantwortung entbunden.

Wir haben einen freien Willen. Wir können uns täglich für

oder gegen eine Sache entscheiden, und wir werden spätestens im Sterbeprozess oder nach dem Tod mit uns selbst konfrontiert sein. Somit ist jeder Einzelne von uns das Produkt seiner eigenen Gedanken, Taten und Worte. In diesen freien Willen greift GOTT niemals ein. ER schweigt, weil er *ist* in jedem Menschen, wie wir in ihm sind. Wir müssen lediglich die Verbindung zum göttlichen Funken in uns herstellen. Tun wir das nicht, werden wir die Anwesenheit Gottes in unserem Leben niemals bemerken.

GOTT ist, das heißt, er ist immer während da als EWIGE LIEBE, die alle menschlichen Kategorien und Denkweisen sprengt. ER war in den Konzentrationslagern von Auschwitz, auf den Schlachtfeldern Stalingrads, und er ist ebenso bei den Opfern von Naturkatastrophen. Wir sind immer getragen und geborgen, da die gesamte Menschheit und alle Galaxien des Universums in ihm sind. Diese Zusammenhänge werden von vielen Menschen nicht erkannt, da alle Geschehnisse nur in ihrer äußeren, für den Menschen sichtbaren Form erfahren und bewertet werden. Da aber, wie wir das aus den Nahtoderfahrungen wissen, jegliches Leid und aller Schmerz aufhören, sobald die Seele den Körper verlassen hat, sind es eigentlich die Überlebenden, die leiden müssen.

Es wird verkannt, dass eine Naturkatastrophe auch mit dem Handeln des Menschen zusammenhängt. Wenngleich wir uns in unserem Alltag wenig Gedanken über die Existenz Gottes machen, so erklären wir IHN allzu schnell zum Sündenbock für alles, was geschieht. Der Mensch ignoriert die allseits wirkenden geistigen Gesetzmäßigkeiten, denen wir uns nur demutsvoll unterzuordnen haben, wenn wir keinen Sturm ernten wollen.

Wenn wir das Gesagte auf die Länder anwenden, die von der größten Naturkatastrophe aller Zeiten in Asien heimgesucht wurden, springen folgende Fakten ins Auge: Indonesien, das am meisten betroffen war, ist seit Jahren von Bürgerkriegen durchzogen, welche die Lebensbedingungen und die Lebensqualität der Bevölkerung erheblich gemindert haben. Ähnliches gilt für Indien und Sri Lanka.

Wissenschaftler äußerten in einer Fernsehsendung, dass die Grenze der ökologischen Belastbarkeit in den Krisenregionen längst überschritten war: zu viele Menschen, zu viel Verkehr, zu viele Touristen, und das gleichzeitig bei schlechten Lebensbedingungen der einheimischen Bevölkerung.

Die Urlaubsparadiese Thailands sind seit Jahren vornehmliches Ziel deutscher beziehungsweise europäischer Sextouristen, die dort ihre pädophilen Neigungen bedenkenlos ausleben und unzählige Kinder schänden. Selbst nach dem Seebeben wurden verängstigte und traumatisierte Kinder von skrupellosen Menschenhändlern an Sextouristen verkauft. Solange wir sexuelle Bedürfnisse über das unsägliche Leid von Menschen stellen, sollten wir nicht erwarten, dass Gott eingreift.

Die sogenannten Urlaubsparadiese wurden der Natur abgetrotzt. Für den westlichen Tourismus baute man Hotelanlagen direkt ans Meer. Die Todeswelle zeigte, dass der Mensch die Urkräfte der Natur niemals wird zähmen können. Das Leben auf der Erde bleibt lebensgefährlich – allen Fortschritten und Versprechungen der Wissenschaft zum Trotz. Die Natur ist weder moralisch noch ethisch, sondern sie handelt als Regulativ, wenn das Maß der Eingriffe des Menschen voll ist. Wir müssen wieder verstehen lernen, dass unsere Erde ein lebendiges Wesen ist: Jeder Schaden, den wir ihr zufügen, fällt auf uns zurück. Das Gesetz des Ausgleiches herrscht im gesamten Universum und macht auch vor dem Menschen keine Ausnahme.

Weltweit werden durch Waldrodung und Flussbegradigungen Überschwemmungen verursacht. Unser immenser Ausstoß von Abgasen und anderen Schadstoffen führte zum Ozonloch und damit zu einer katastrophalen Erwärmung des Erdklimas. Das Gleichgewicht aller Elemente der Natur ist gestört. Dabei werden wir täglich mit den Auswirkungen unseres Handelns konfrontiert. Es gibt kaum noch Nachrichten ohne Orkane,

Taifune, Sturmböen und andere Wetteranomalien als Folge der menschengemachten Klimaverschiebung.

## Naturgewalten

Es zeigt sich immer wieder, dass der Mensch die Natur nicht kontrollieren kann. Die Natur fordert uns stets und eindringlich auf, sie mit Achtung und Liebe zu behandeln. Andernfalls schlägt sie zurück nach dem geistigen Grundgesetz: Was du säst, das wirst du ernten. Auch modernste Warnsysteme werden nie rechtzeitig berechnen können, wann oder wo genau sich eine Naturkatastrophe ereignen wird. Die Wucht aller Naturgewalten demonstriert eindrücklich die Auflehnung von Mutter Erde.

In der westlichen Welt haben wir tatenlos zugesehen, wie sich die Menschen in der Dritten Welt rasend schnell vermehrten. Wir schauten schon fast gelangweilt zu, wie sich in Ruanda Millionen von Afrikanern vor laufenden Fernsehkameras gegenseitig ermordeten. Seit dem 11. September 2001 ist auf der ganzen Welt ausschließlich das Phantom Osama bin Laden für jegliche Terroranschläge verantwortlich. Der Irak ist weder befriedet noch demokratisiert, sondern ertrinkt in Wirklichkeit in einer beispiellosen Welle von Blut, Tod und nicht enden wollender Gewalt. Dasselbe erleben wir täglich im Israel-Palästina-Konflikt. Und gleichzeitig werden Abermillionen Menschen, darunter unzählige Kinder, in Afrika von der Aids-Epidemie ausgelöscht. Milliarden Menschen auf dieser Erde müssen hungern, sterben oder unter primitivsten Lebensbedingungen ihr Leben fristen.

Ist es da ein Wunder, wenn alle diese Seelen, die von niemandem beachtet werden und die ohne die geringste Hoffnung sind, nicht mehr leben wollen? Was soll noch geschehen, bis die Menschheit begreift, dass wir uns auf einem falschen Kurs befinden? Sämtliche Kriege im Namen Allahs oder Gottes sollten nicht darüber hinwegtäuschen, dass es nur EINE Urkraft hinter allem Sein gibt. Die Prüfungen und Zeichen, die wir wahrnehmen, beschwören uns, innezuhalten, um gemeinsam das Gleichgewicht zwischen Mensch und Mensch und Natur und Mensch wiederherzustellen.

In der Betrachtung der Naturgewalten wird außer Acht gelassen, dass damit auch ungeheure, schöpferische, ausgleichende und verjüngende Elemente verbunden sind. Diese sind für das Leben auf dem Planeten und somit für den Menschen wesentlich. Die Beständigkeit des Lebens auf der Erde beruht auf Wandlung und Veränderung. Wenn wir nicht lernen, anders mit Luft- und Wasserverschmutzung umzugehen, und sich das Erdklima durch die Verursachung des Menschen weiterhin erwärmt, werden die Polkappen schmelzen, und der Meeresspiegel wird allmählich ansteigen. Der tödliche Tsunami war eine deutliche Warnung. Die Malediven beispielsweise waren zeitweise total überschwemmt. Wenn der Mensch jedoch durch sein Handeln die Erderwärmung auch in Zukunft ohne Gegenmaßnahmen zulässt, werden demnächst die Malediven und viele andere Inselgruppen dauerhaft versunken bleiben.

Die Zeichen, die wir angesichts dieser ungeheuren Naturkatastrophe eindeutig erhalten, mahnen die gesamte Menschheit zum Innehalten. Was wir eigentlich erleben, ist die Offenbarung der Apokalypse, wie sie in den Heiligen Schriften aller Völker und den Prophezeiungen aller Zeiten geschildert wird. Wir haben die Wahl, ob wir die Warnungen erkennen oder weiterhin so tun, als ob uns das alles gar nicht betrifft. Eines sollte jedem Menschen klar werden: Eine Katastrophe von solchem Ausmaß wirkt inwendig in jedem Menschen, da wir geistig gesehen niemals von allem anderen Sein getrennt sind. Schließlich waren die Vibrationen des Seebebens auf dem ganzen Planeten spürbar.

Bislang hat die Weltöffentlichkeit nicht registriert, dass sich am 23. Dezember 2004 ein schweres Erdbeben von der Stärke 8,2 in der Antarktis ereignete, bei dem zahllose Eisblöcke abgetrennt wurden, die nun im Meer treiben.[46] Ein australischer Seismologe vermutete kurz nach dem Seebeben in Asien, dass es durch ebendieses Antarktisbeben ausgelöst wurde – genau auf der entgegengesetzten Seite, der indo-australischen Platte in der Erdkruste. Nach Erkenntnissen von NASA-Wissenschaftlern hat das Asienbeben die Erdumdrehung auf Dauer beschleunigt. Durch die Verschiebung der Kontinentalplatten ist die Erde nun kompakter und schneller. Am Astronomischen Institut der Universität Bern wurde gleichzeitig eine Verschiebung der Erdachse um acht Zentimeter gemessen, welches der größte Wert ist, der durch ein einzelnes Ereignis verursacht wurde.[47]

In einer kleinen Zeitungsnotiz hieß es ein paar Tage später: «Erstmals seit 57 Jahren sind im Meer vor Neuseeland wieder Eisberge gesichtet worden. Die 15 Eisberge sind bis zu drei Kilometer dick. Sie stammen aus der Antarktis und treiben Richtung Südamerika. Die Schifffahrt wurde gewarnt. Neuseeland erlebt gerade den kältesten September seit 1945.»[48] Zur gleichen Zeit erlebte Deutschland den wärmsten Januar aller Zeiten, und schwere Orkane erschütterten Skandinavien.

Alle diese Dinge zeigen in eindrucksvoller Weise, dass ein gewaltiger Umwälzungsprozess auf unserer Erde im Gange ist. Unbewusst wissen wir, dass wir für alle diese Geschehnisse mitverantwortlich sind. Wir betäuben unser schlechtes Gewissen durch Spenden und geben Gott die Schuld. Und doch setzt sich das Geschehen fort.

Wie sich diese Wetteranomalien in der Zukunft ausweiten werden, bleibt ungewiss. Die Umwälzungsprozesse auf der Erde sind nicht zu übersehen. Das gesamte ökologische System unserer Welt ist in Unordnung geraten.

# 6. Kapitel

# Das Phänomen
# der Nachtodkontakte

## Die Manifestationen Verstorbener

Nachtodkontakte hat es schon immer gegeben, zu jeder Zeit und in jeder Kultur auf der ganzen Welt. Sie sind keineswegs Relikte früherer, unaufgeklärter Zeiten. Begegnungen mit Verstorbenen ereignen sich tagtäglich mitten unter uns: an jedem Ort und zu jeder Zeit. Sie können sogar noch viele Jahre nach dem Tod eines Angehörigen plötzlich und unerwartet auftreten. Eine erst unlängst in Amerika durchgeführte Studie belegt, dass mehr als die Hälfte aller Amerikaner an die Existenz von Geistern glaubt und bereits Begegnungen mit Verstorbenen erlebt hat.[49] Für Europa können wir ebenfalls davon ausgehen, dass weit über die Hälfte der Bevölkerung im Umfeld des Todes von Angehörigen spontane Erfahrungen mit Verstorbenen gemacht hat.

Durch meine intensive Seminar- und Vortragstätigkeit, durch unzählige Briefe und Telefonate wurde mir die Dringlichkeit des Themas immer bewusster. Die meisten der abertausend Menschen, die meine Veranstaltungen besuchen, berichten übereinstimmend von ähnlichen Erlebnissen mit Verstorbenen. Die wenigsten trauen sich, offen über ihre Erfahrungen mit anderen zu sprechen. Das Phänomen der Nachtodkontakte ist wohl das am meisten tabuisierte Thema. Darum ist es höchste Zeit, diese wiederkehrenden Phänomene einer breiten Öffentlichkeit zugänglich zu machen.

Kontakte mit Verstorbenen sind mit tiefsitzenden Ängsten

verbunden. Geister lehren uns das Fürchten. Diese Urangst im Menschen resultiert aus der Furcht vor dem Unbekannten und der Anderswelt. Alle beschriebenen Phänomene entziehen sich dem menschlichen Verstand und befinden sich außerhalb unserer Kontrolle. So wird das Leben unübersichtlich und unberechenbar, und manche Kontakte wirken sogar bedrohlich. Die unerklärliche Angst vor Dunkelheit und vor allem Geisterhaften ist tief im Menschen verankert. Diese Angst ist auch bei Tieren vorhanden. Da sie über einen sechsten Sinn verfügen und die Anwesenheit Verstorbener meist vor den Menschen spüren, reagieren sie mit einem ungewöhnlichen Verhalten. Tausende gleichlautende Berichte bezeugen, dass zum Beispiel Hunde, Katzen, Vögel, Pferde oder Kühe bei Erscheinungen verängstigt oder äußerst nervös sind. So mancher Betroffene wird sich erst durch das seltsame Verhalten eines Tieres der Gegenwart eines Verstorbenen bewusst. Dazu ein Beispiel, das für viele ähnliche Fälle steht:

«Ich saß mit meinem Cockerspaniel ruhig auf dem Sofa. Mein Mann war erst vor wenigen Wochen gestorben, und ich empfand eine große Traurigkeit. Ich hing meinen Gedanken nach, als mein Hund plötzlich aufsprang und laut winselnd durch das Zimmer lief. Er verkroch sich hinter einem Sessel und fing zu jaulen an. In diesem Moment spürte ich die Anwesenheit meines verstorbenen Mannes. Er hüllte mich in Liebe ein und gab mir telepathisch zu verstehen, dass alles gut wird. Mein Hund muss seine Gegenwart schon vorher gespürt haben.»

Die meisten Nachtodkontakte sind sehr subtiler und flüchtiger Natur. Sie sind von ihrem Wesen her oft nicht greifbar, besonders wenn wir sie über den Verstand erfassen wollen. Der eigentliche Grund dafür, dass die Menschen über ihre Erlebnisse mit der Anderswelt nicht reden, ist diese innere Zerrissenheit, die mit Zweifeln und Ängsten verbunden ist, wobei die Betroffenen gleichzeitig von der Echtheit des Erlebnisses überzeugt sind. Dazu zwei typische Beispiele:

«Meine Oma starb im November 2002. Nach ihrem Tod hielt ich mich häufig alleine in ihrer Wohnung auf. Ich hatte jedes Mal das Gefühl, dass sie da ist. Ich spürte ganz deutlich ihre Anwesenheit. Gleichzeitig hatte ich eine unerklärliche, wahnsinnige Angst, dass sie plötzlich vor mir stehen würde. Ich frage mich immer wieder, ob es tatsächlich möglich ist, dass meine Oma bei mir ist und als Geist auf mich aufpasst.»

Verstorbene versuchen, Unerledigtes in Ordnung zu bringen. Sie bedanken sich für bestimmte Handlungen oder Gesten eines Angehörigen, oder sie bitten um Vergebung und Entschuldigung. Die meisten Menschen sind auf ihren Tod nicht vorbereitet und versäumen es dementsprechend, mit sich und ihrer Umwelt ins Reine zu kommen. Das gilt besonders bei einem Suizid.

«Einige Wochen nach dem Suizid meines Mannes hatte ich ein erschütterndes Erlebnis. An einem Samstagnachmittag bemerkte ich seine Anwesenheit. Was ich spürte, war Verzweiflung – ein körperloser, verzweifelter Mensch. Ich war entsetzt und ratlos, nicht über den Kontakt, sondern über seine maßlose Verzweiflung. Ich hatte das Gefühl, dass er um Vergebung für seinen Suizid bat. Ich sprach einige tröstende Worte und verzieh ihm. Nach einigen Minuten war er plötzlich verschwunden. Danach ist er mir nie wieder erschienen. Ich glaube, dass er durch meine Vergebung ins Licht eingehen konnte.»

Berichte aus aller Welt und allen Kulturen belegen, dass es besonders im Todesmoment eines Angehörigen zu solchen spontanen Phänomenen kommt. Verstorbene verabschieden sich meistens genau dann, wenn die Seele den Körper endgültig verlässt. Unlängst erzählte mir die Freundin einer verwaisten Mutter in einem Seminar:

«Miriam wachte nachts gegen 4.00 Uhr auf. Eine sonderbare Unruhe erfüllte sie, und sie musste immer wieder an ihre 13-jährige Tochter Nana denken, die sich im Endstadium einer Leukämie im Krankenhaus befand. Schon seit Tagen kündigte sich ihr Tod an, doch weil Miriam so erschöpft war, blieb sie diese

Nacht zu Hause. Plötzlich spürte sie die Gegenwart ihrer Tochter und sah einen Lichtkegel, in welchem sie Nana erblickte. Ein kurzes Lächeln, ein Winken mit der Hand, und schon war der Augenblick der Erscheinung vorbei. Hatte sie sich das alles nur eingebildet? Voll von Zweifeln und Angst über das Erlebte rief sie die Nachtschwester im Krankenhaus an. Diese teilte ihr mit, dass sie soeben den Arzt angerufen habe, da Nana um 4.00 Uhr gestorben sei.»

Derartige Phänomene werden immer wieder berichtet. So bleiben im Augenblick des Todes Uhren stehen, die Gegenwart des soeben Verstorbenen wird gespürt, oder der Sterbende erscheint gar, Bilder fallen von der Wand, Gegenstände werden auf unerklärliche Weise bewegt und so weiter. Oft verabschiedet sich ein soeben Gestorbener, indem seine Seele förmlich durch das Herz des Angehörigen geht.

Besonders häufig sind in diesem Zusammenhang die sogenannten Krisenerscheinungen in Kriegs- oder Katastrophenzeiten. Durch die enorme Energie, die durch den gleichzeitigen Tod Tausender von Menschen erzeugt wird, manifestieren sich die Verstorbenen bei den Angehörigen. Würden wir die vielfältigen Erlebnisse, die sich im Ersten und Zweiten Weltkrieg ereignet haben, dokumentieren wollen, würde das vorliegende Material ganze Bibliotheken füllen.

Eine 84-jährige Frau erzählte mir kürzlich in einem Seminar: «Ich werde diesen Tag nie vergessen. Im Mai 1943 fiel mein Bruder an der Front in Russland. Wir wussten dies zum Zeitpunkt der Ereignisse natürlich noch nicht. Am Tag seines Todes klopfte es laut und vernehmlich an der Tür. Als ich die Tür öffnete, stand mein Bruder davor. Er sah mich einfach an. Dann drehte er sich wortlos um und verschwand im Nebel. Wenig später traf ein Telegramm ein, das uns über seinen Tod unterrichtete.»

Während des Ersten und Zweiten Weltkrieges haben sich buchstäblich Millionen junger Männer, die an den Fronten ums Leben kamen, auf vielfältige Weise kundgetan. Daraus resultiert die immer wiederkehrende Frage, ob es tatsächlich Geister gibt. Die Ergebnisse parapsychologischer Forschungen der letzten Jahrzehnte belegen die Existenz derartiger Phänomene in eindrücklicher Weise.

Es gibt zahllose Berichte darüber, dass Mütter ihre Söhne im Moment des Todes auf dem Schlachtfeld gesehen haben. Der Todesschock des betroffenen Sohnes bewirkt eine telepathische Kommunikation zwischen Mutter und Sohn, da der Verstorbene augenblicklich aus seinem Körper herausgerissen wird und sich durch die Bewusstseinserweiterung überall aufhalten kann. Deswegen wird der Betroffene als ganz und heil wahrgenommen. Er erscheint in der Form, wie er zu Lebzeiten ausgesehen hat, unabhängig davon, wie schwer er verletzt oder gar verstümmelt war. Ein gemeinsames Kennzeichen der Krisenerscheinungen ist, dass sie sich unmittelbar um den Todeszeitpunkt herum ereignen, wobei der Tod in diesen Fällen plötzlich eingetreten ist.

Alle diese unterschiedlichen Phänomene zeigen, dass die Persönlichkeit des Menschen nach dem Tod intakt und aktiv bleibt. Aus den Dokumenten der beiden Weltkriege bleibt die Feststellung zu treffen, dass sich zahllose Verstorbene weiterhin um die Lebenden sorgen.

## Das Mitsterben von Angehörigen

Eines des faszinierendsten Erlebnisse, die in den vergangenen Jahren zunehmend geschildert werden, ist das sogenannte Mitsterben von Angehörigen. Das bedeutet, dass Angehörige zeitgleich den Übergang eines geliebten Menschen im außerkörperlichen Zustand miterleben. Sie befinden sich außerhalb des Körpers und begleiten den Verstorbenen, wie in einem Nahtoderlebnis, auf seinem Weg in die geistige Welt. Die Sterbeforschung bezeichnet derartige Erlebnisse als «empathische Todeserlebnisse».

Eine Frau schrieb mir: «Meine Tante litt an Knochenkrebs und wusste, dass sie bald sterben wird. Wir verabschiedeten uns und wussten, dass wir uns erst in der anderen Welt wiedersehen werden. Am Tag ihres Todes war ich zu Hause in Osnabrück. Meine Mutter rief mich mittags an und sagte, dass es meiner Tante nicht so gutgehe. Ich ahnte es bereits, da ich den ganzen Tag aufgewühlt und traurig war. Abends gegen 18.15 Uhr ging ich wie automatisiert in die Küche und befand mich in einer Art meditativem Zustand. Im Geiste war ich plötzlich bei meiner Tante im Zimmer. Meine Oma, die schon früher verstorben war, war bei ihr. Sie wiegte meine Tante sanft in ihren Armen und wollte sie abholen. Ich sah auch meinen noch lebenden Onkel an ihrem Sterbebett sitzen, der viel weinte und traurig war. Meine Tante schlief dann friedlich ein. Die Szene verblasste, und ich kam in der Küche wieder zu mir. Es war 18.30 Uhr. Eine Stunde später rief meine Mutter an, um mir mitzuteilen, dass meine Tante vor einer Stunde friedlich im Beisein meines Onkels eingeschlafen sei.»

Das Mitsterben von Angehörigen oder Freunden klassifizierte die Hospizärztin Pamela Kirchner als «gemeinsame Nahtoderfahrung». Ein weiteres, typisches Erlebnis wurde mir in einem Seminar berichtet:

«Mein Vater lag seit längerer Zeit im Sterben. Ich habe sehr viele Tage hintereinander an seinem Bett verbracht und dachte jedes Mal, dass er heute sterben würde. Aber mein Vater starb nicht. Irgendwann war ich völlig erschöpft, und die Krankenschwester forderte mich auf, nach Hause zu fahren. Ich legte mich sofort ins Bett und fiel in einen tiefen, traumlosen Schlaf. Ich erwachte erst gegen 10.00 Uhr morgens. Aber etwas war anders: Ich hatte meinen Körper verlassen und sah auf mich herab. Das irritierte mich zunächst, doch dann bemerkte ich die Anwesenheit meines Vaters im Raum. Er lächelte, kam auf mich zu, und wir umarmten uns. Ich sah den Tunnel, auf den er zuschwebte. Er nahm meine Hand, und gemeinsam durchquerten wir den Tunnel. Das riesige Licht, das uns wärmte, ergriff mich. Das werde ich nie vergessen – diese außergewöhnliche Liebe! Mein Vater drehte sich noch einmal um und winkte. Freudig ging er ins Licht ein.

Plötzlich kam ich in meinem Körper wieder zu mir. Ich war verwirrt und dachte, dass mein Vater gestorben ist. Wenig später klingelte das Telefon, und die Stationsschwester teilte mir mit, dass mein Vater kurz nach 10.00 Uhr verstorben sei. Mir dämmerte, dass ich ihn bei seinem Übergang begleitet hatte, obwohl ich gar nicht am Sterbeort anwesend war. Dieses Erlebnis werde ich nie vergessen, und ich weiß heute, dass ich den Tod nicht fürchten muss.»

Folgend möchte ich auf die unterschiedlichen Formen von Nachtodkontakten näher eingehen.

## Die verschiedenen Formen von Nachtodkontakten

### 1. Das Gefühl von Gegenwart

Das wohl am häufigsten berichtete Phänomen bei den Nachtodkontakten ist das Erleben der Gegenwart eines verstorbenen Angehörigen oder Freundes. Dabei stellt sich ein unmittelbares Gefühl von Nähe oder Anwesenheit ein. Der Betroffene spürt buchstäblich die spezifische Ausstrahlung des Verstorbenen. Man kann das auch als Wärme umschreiben, die den Erlebenden einhüllt als befreiendes Gefühl von Geborgenheit und Liebe.

In den meisten Fällen wird die Präsenz spontan erlebt, wobei der Betroffene nicht einmal an den Verstorbenen gedacht haben muss. Das Gefühl von Gegenwart tritt also in ganz alltäglichen Situationen auf. Es ist ein inneres Wissen darüber, dass sich der Verstorbene im selben Raum oder Umfeld befindet. Die Anwesenheit wird als vertraut empfunden, da das individuelle Energiemuster des Verstorbenen gespürt wird.

«Meine Mutter starb mit 70 Jahren alleine im Stadtkrankenhaus an einem schweren rheumatischen Leiden. Einige Tage nach ihrem Tod hatte ich das unmittelbare Gefühl, als ob jemand in meinem Zimmer ist. Da war die Präsenz einer Person. Ich spürte deutlich die Anwesenheit meiner Mutter, als ob sie mich beruhigen wollte. Es war meine Mutter, da bin ich mir absolut sicher. Ich sprach dann mit ihr und sagte alles, was ich ihr noch mitteilen wollte. Eine eigentümliche Wärme und Geborgenheit hüllte mich ein, ein Gefühl von Zeitlosigkeit, bis sie sich verabschiedete. Dann war das Gefühl von Gegenwart verschwunden.

Ich habe nie mit jemandem darüber gesprochen, weil das Erlebnis aller Vernunft widersprach. Und doch war es keine Einbildung. Mein Erlebnis half mir sehr, den Tod meiner Mutter zu verarbeiten.»

Ein Gegenwartsempfinden kommt nur dann zustande, wenn der Verstorbene diesen Kontakt ausdrücklich wünscht. Als Menschen können wir von der physischen Ebene her keine Nachtodbegegnung herstellen, da echte Phänomene nicht erzwungen werden können. So ist das plötzliche und unerwartete Auftreten einer derartigen Begebenheit ein Zeichen für seine Echtheit. Was auch immer wir im Zusammenhang mit Verstorbenen erleben, es ist von außen nicht beeinflussbar. Die Begegnung mit einem Verstorbenen ist nicht abhängig von den Wünschen der Lebenden. Wir können aber darum bitten oder beten, dass uns ein Zeichen zuteil wird.

Die Dauer eines solchen Erlebens ist sehr unterschiedlich. Das Gegenwartsempfinden ereignet sich in Sekundenbruchteilen, kann sich aber auch über mehrere Minuten oder gar Stunden erstrecken. Die Auswirkungen sind in den meisten Fällen überaus positiv: Viele Betroffene beschreiben ein Gefühl von Gelassenheit und erfahren inneren Frieden. Sie *wissen* dann, dass wir nach unserem Tod weiterleben und nicht alleine sind. In vielen Fällen kommt es durch einen Nachtodkontakt auch zu der Akzeptanz eines Todes. Hier ein typisches Beispiel:

«Nach dem Tod meiner Mutter war ich lange Zeit schwermütig. Ich konnte einfach nicht akzeptieren, dass sie mit nur 50 Jahren so schwer an Krebs sterben musste. Vier lange Jahre nach ihrem Tod hatte ich auf ein Zeichen gehofft – aber nichts geschah. Im Sommer 2004 fuhr ich zu einem Urlaub an die Nordsee. Ich musste auch hier stets an meine Mutter denken und wie sehr ich sie vermisste. Eines Abends – ich war wieder einmal mutlos und verzweifelt – spürte ich auf einmal die Anwesenheit meiner Mutter. Ich fühlte Wärme und Frieden, und es war, als ob ich mich in einer anderen Welt befände. Meine Mutter übermittelte mir in Gedanken, das Trauern zu beenden. Danach konnte ich meinen Hader endlich loslassen. Es war wie eine innere Wandlung. Wenn ich wieder einmal traurig bin, hilft mir die Erinnerung an dieses Erlebnis.»

## 2. Gehörwahrnehmungen

In vielen Nachtodkontakten werden eindeutige, verbale Botschaften übermittelt. Die Stimme eines Verstorbenen wird dabei im Inneren oder auch im Außen vernommen. Diese Form von telepathischer Kommunikation ist weitverbreitet. Entscheidend bei solchen Erfahrungen ist die zweifellose Identifikation der Stimme eines bestimmten Verstorbenen. Sprachmelodie und Stimme klingen vertraut, und die gegebenen Botschaften sind eindeutig auf ganz bestimmte Verstorbene zurückzuführen.

Die akustischen Nachrichten der Abgeschiedenen sind meistens kurz und präzise, fast wie Telegramme. Seltener sind umfangreiche Botschaften über die Gegebenheiten der geistigen Welt. In den meisten Fällen wollen die Verstorbenen uns mitteilen, dass es ihnen gutgeht und dass wir uns keine Sorgen machen sollen. Typische Formulierungen aus dem vorliegenden Dokumentationsmaterial sind: «Ich liebe dich», «Mir geht es gut», «Alles ist in Ordnung», «Gehe deinen Weg».

Rosalinde schreibt: «In jener Nacht konnte ich wieder einmal nicht einschlafen. Ich musste dauernd an meinen vor sechs

Wochen verstorbenen Vater denken. Er war plötzlich an einem Herzinfarkt verstorben und fehlte mir sehr. Ich stand auf und ging ins Wohnzimmer, wo ich eine Kerze anzündete. Dann vernahm ich im Raum, also außen, eindeutig die Stimme meines Vaters: ‹Mach dir nicht so viele Gedanken. Mir geht es gut›, sagte er. Es war mein Vater! Und ich habe mir das nicht eingebildet! Es war ein ganz reales Geschehen!

Mir half dieses Erlebnis, seinen Tod zu verarbeiten und ihn loslassen zu können, auch deswegen, weil ich in den darauf folgenden Tagen seine Gegenwart immer wieder spürte. Dann kam der Tag, an dem er sich von mir verabschiedete mit den Worten: ‹Ich liebe dich, aber ich muss nun weitergehen.› Danach habe ich nie wieder etwas von ihm gehört.»

### 3. Berührungen

Körperliche Zuwendungen über den physischen Tod hinaus werden in Form von sanfter Berührung, Streicheln oder Umarmung wahrgenommen. Die Betroffenen berichten unabhängig voneinander, Berührungen Verstorbener tatsächlich körperlich gespürt zu haben. Sie werden vor allem dann erlebt, wenn vorher ein intimes Verhältnis bestanden hat. Die meisten Verstorbenen bitten vorher um Erlaubnis. Für den Fall, dass Sie eine körperliche Zuwendung als unangenehm empfinden, können Sie den betroffenen Verstorbenen bitten, Sie in Ruhe zu lassen.

Eine junge Frau berichtete mir vom Tod ihres 5-jährigen Sohnes Robert, der durch einen Unfall ums Leben gekommen war. Sie war sehr traurig und konnte oft nicht einschlafen. Eines Nachts spürte sie, wie die Hand ihres Sohnes sanft ihre Wange berührte. Sie wusste, dass es Robert war. Die Finger waren weich und glatt, als wäre er bei ihr. Genauso hatte er sie immer mit seinen kleinen Händen gestreichelt. Es war, als wolle Robert ihr mitteilen, es sei alles gut. Nach diesem Erlebnis fühlte sie einen tiefen inneren Frieden.

Robert wählt hier eine für ihn typische Berührung, sodass die

Mutter sicher sein kann, dass es sich wirklich um ihren Sohn handelt. Generell versuchen Verstorbene, sich uns in einer für sie typischen Art und Weise bemerkbar zu machen, damit wir sie erkennen können. Daher wählen sie Berührungen aus, die uns vertraut sind und durch die wir sie wiedererkennen.

«Mein Vater hatte die Angewohnheit, seine Wange ganz fest gegen die meine zu pressen. Nach seinem Tod spürte ich eines Tages bei der Hausarbeit plötzlich diese vertraute Berührung, und ich wusste, dass er anwesend ist. Es war genau so, wie ich es von Kindheit an kannte. Mein Vater war da, und es war so echt, als stünde er direkt neben mir. Ich hatte nicht den geringsten Zweifel und musste sogar lachen. Er wollte, dass ich mir sicher bin. Mich machte dieses Erlebnis sehr glücklich. Es hatte etwas Warmes und Tröstliches, als ob ich einen direkten Zufluss an spiritueller Energie empfing.»

Erklärbar wird das Phänomen einer körperlichen Berührung durch einen Verstorbenen nur durch den gemeinsamen Raum während einer Bewusstseinserweiterung. Das kann sowohl in Träumen als auch im Wachzustand erfolgen. Die erlebte Gefühlsintensität lässt das Ereignis körperlich spürbar werden, besonders dann, wenn der Erlebende sich fallen lassen kann.

Auch wenn das für manchen Skeptiker unglaubwürdig klingt: Verstorbene können sich für kurze Zeit tatsächlich manifestieren. Derartige Fälle sind in der parapsychologischen Forschung durch die Jahrhunderte sehr genau dokumentiert worden.

## 4. Geruchswahrnehmungen

Nachtodkontakte gehen häufig einher mit Gerüchen, die mit einem bestimmten Menschen assoziiert werden. Typische Düfte sind beispielsweise ein bestimmtes Rasierwasser, Parfüms, Blumen oder Tabak. Der spezifische Geruch eines Verstorbenen tritt meistens plötzlich auf und passt nicht zu der Umgebung. Der Raum wird von einem bestimmten Geruch erfüllt, wobei keine genaue Quelle erkennbar ist. Er ist einfach da. Manchmal gibt es laut Zeugenaussagen gleich mehrere Personen, die diesen Duft wahrnehmen.

«Ich lag in meinem Bett und musste immer an meinen Mann denken. Ich weinte und war wütend, dass er so früh sterben musste. Plötzlich spürte ich die Anwesenheit von Christian, da ich sein Aftershave roch. Ich weiß gar nicht, woher dieser Geruch kam. Es war ganz bestimmt die Marke, die er immer benutzte. Das ganze Schlafzimmer roch nach ihm. Eigentlich ist das der einzig wesentliche Geruch, mit dem ich Christian in Verbindung bringe. Ich wusste, dass es ein Zeichen von ihm war und dass er bei mir ist. Ich fühlte mich sehr getröstet, und dieser Kontakt half mir zu glauben, dass ich nie alleine bin. Sein Duft lag sehr lange in der Luft. Ich empfand einen sehr tiefen Frieden, wie lange nicht.»

Verstorbene tragen oft über Jahre hinweg einen bestimmten Duft, der ihr Erkennungszeichen ist. Dies macht es für die Hinterbliebenen einfach, ihn zu identifizieren. Kleidung kann einen solchen Geruch verströmen oder Seife und Kosmetika. Trauernde oder verwaiste Eltern berichten darüber, bestimmte Hautpflegeprodukte, die sie bei ihrem Kind benutzt hatten, wahrgenommen zu haben.

«Mein Sohn David starb im Alter von drei Jahren nach einer schweren Hirnhautentzündung. Da sein Tod für meinen Mann und mich völlig überraschend eintrat, waren wir über Monate hinweg wie gelähmt und betäubt. Meine beste Freundin erzählte mir, dass sie nach dem Tod ihres Vaters einen wunderbaren Traum erlebte, der sie von einem Leben nach dem Tod überzeugte. Sogar mein Mann horchte bei der Erzählung auf.

Wir wünschten uns beide nichts sehnlicher als ein Zeichen von David. Eines Abends saßen wir beim Abendbrot in unserem Wohnzimmer und unterhielten uns über den Arbeitstag meines Mannes. Keiner von uns beiden dachte in diesem Moment an David. Von einem Moment zum anderen war der ganze Raum erfüllt von dem Duft der Hautpflegecreme, die ich immer benutzt habe. Das war Davids ganz spezifischer Geruch. Erstaunt schaute mein Mann auf und fragte ungläubig: ‹Riechst du das auch? Das ist doch Davids Geruch!› Ich nickte wortlos. Ganz deutlich fühlten wir die Gegenwart unseres Sohnes.

Dieser Zustand dauerte fast eine Viertelstunde. Dann waren der Geruch wie auch das Gegenwartsempfinden plötzlich verschwunden. Wir konnten aber seit diesem Erleben unsere Trauer besser verarbeiten, obwohl uns David natürlich weiterhin fehlt.»

Phänomene mit Verstorbenen können sich auch an mehreren Orten gleichzeitig ereignen. Wir dürfen nicht vergessen, dass für Verstorbene alles gleichzeitig existiert, da sie nicht weiter an Zeit und Raum gebunden sind.

«Nach dem Tod meines Großvaters spürte ich immer wieder seine Anwesenheit, egal, wo ich mich gerade befand. Einmal saß ich im Wohnzimmer, als ich ganz deutlich seinen ganz spezifischen Geruch wahrnahm. Es war diese eigentümliche Mischung aus Pfeifentabak und seiner Rasierwassermarke. Das machte ihn schon zu Lebzeiten aus. Ich liebte diesen ganz typischen Geruch meines Großvaters seit meiner Kindheit. Einige Tage später spürte ich seinen Geruch sogar im Garten. Das Eigentümliche war, dass mir mein Bruder später erzählte, dass er offenbar zur gleichen Zeit wie ich Großvaters Geruch wahrnahm.»

## 5. Symbolische Zeichen

Nach eigenen Angaben erhalten zahlreiche Menschen ein Zeichen von verstorbenen Angehörigen. Diese Zeichen werden als symbolische Nachtodkontakte bezeichnet. Sie können sich durch Schmetterlinge, Regenbögen, Naturphänomene oder Blumen ausdrücken. Ein unmittelbares Gefühl von der Präsenz eines Verstorbenen stellt sich ein. Besonders Schmetterlinge gelten als Symbolträger für die Präsenz eines Verstorbenen. Eine Frau erzählte mir kürzlich in einem Seminar:

«Nach dem viel zu frühen Tod meiner Freundin durch Krebs

merkte ich, wie sehr sie mir fehlt. Ihre Beerdigung werde ich aber nie vergessen. Es war dieses Jahr im Februar, und ich fror sehr. Als wir in der Kirche waren, fiel plötzlich die Sonne mit aller Macht durch die Fenster ein. Der ganze Raum erstrahlte in hellem Licht. Das Verblüffende war, dass sich mitten in diesem Strahl ein Pfauenauge befand. Ich empfand das als Zeichen meiner Freundin und spürte eine tiefe Wärme in mir. Später fragte mich ihr Ehemann, ob ich diesen wunderbaren Schmetterling gesehen hätte. Wir mussten beide lächeln, weil auch er ihre Gegenwart gespürt und dieses deutliche Zeichen gesehen hatte.»

Eine andere Frau berichtete mir, dass bei der Beerdigung ihrer Schwester ein großer weißer Schmetterling auf dem Sarg war, der dort so lange sitzen blieb, bis der Priester seine Gebete gesprochen hatte.

In dem vorliegenden Dokumentationsmaterial werden häufig Naturphänomene als Zeichen eines Verstorbenen wahrgenommen: Die Sonne bricht an einem trüben Herbsttag bei der Beerdigung eines Menschen hervor, oder es regnet aus unerklärlichen Gründen plötzlich mitten im Sommer.

Ein anderes, oft erwähntes Zeichen ist das ungewöhnliche Erscheinen eines Regenbogens. Ein Regenbogen gilt in der Überlieferung als zentrales Symbol für die Hoffnung. Durch seine Schönheit verbindet er unsere und die andere Welt. Gerade wenn wir einen geliebten Verstorbenen vermissen und traurig sind, ist der Gedanke an einen Regenbogen tröstend. Er vermittelt, dass ein Licht immer hinter allen Wolken des Lebens verborgen ist, selbst wenn wir es aufgrund eines Verlustes nicht sehen können.

«Nach dem Suizid meines Sohnes war ich häufig deprimiert und verzweifelt. Ich konnte nicht verstehen, warum er sich das Leben genommen hatte. Er fehlte mir so sehr. Als ich eines Tages vom Einkaufen nach Hause fuhr, sah ich plötzlich in den grauen Wolken eine Art Kreis, in dem ich einen farbigen Regenbogen erkannte. Da sich mein Erlebnis im Dezember zutrug, war es für diese Jahreszeit außerordentlich ungewöhnlich, einen Regenbogen zu sehen. Irgendwie wusste ich einfach: Mein Sohn versucht, mir Hoffnung und Trost zu vermitteln. Ich bin mir absolut sicher, dass er mir dieses Zeichen gab. Er vermittelte mir dadurch, dass es ihm gutgeht und dass ich nicht verzweifeln soll. Nach diesem Erlebnis konnte ich das ewige Grübeln nach dem Warum seines Suizides beenden und seinen frühen Tod akzeptieren.»

Wenn wir mit offenem Herzen um ein Zeichen bitten oder darum beten, wird uns diese Bitte in vielen Fällen tatsächlich erfüllt. Dadurch zeigen wir unsere Offenheit und unsere Bereitschaft, ein Zeichen der Anwesenheit eines Verstorbenen anzunehmen.

«Mein verstorbener Bruder liebte Rosen. Er verschenkte sie zu jeder Gelegenheit. Nach seinem Tod war ich oft verzweifelt, da er mir so sehr fehlte. Er war eigentlich mein engster Vertrauter gewesen. Ich bat ihn immer wieder um ein Zeichen. Täglich ging ich zum Friedhof, um Zwiesprache mit ihm zu halten. Fünf Wochen nach seinem Tod kam ich gerade von seinem Grab, als ich bemerkte, dass unter den Scheibenwischer meines Wagens eine langstielige, rote Rose geklemmt war. Wie auch immer sie dahingekommen sein mag, ich wusste sofort: Das ist das Zeichen von meinem Bruder, um das ich gebeten hatte.»

Typisch für einen symbolischen Nachtodkontakt ist ein assoziativer Bezug zwischen dem Zeichen und einem bestimmten Verstorbenen. Sehr häufig sind dabei auch Tiere Symbolträger.

### 6. Träume von Verstorbenen

Kontakte mit Verstorbenen im Traum sind intensive und einprägsame Erlebnisse. Sie haben eine völlig andere Qualität als gewöhnliche Träume, in denen Alltagsreste verarbeitet werden. Daher werden sie, auch über längere Zeiträume, nicht vergessen. In diesen Träumen wird oft ein erweiterter Bewusstseinszustand oder sogar eine außerkörperliche Erfahrung erlebt. Es kann auch sein, dass unsere Seele den Aufenthaltsort des Verstorbenen kennenlernt und in die entsprechende Dimension reist. Später kann der Träumer genau erinnern, was dort geschehen ist und was er gesehen hat. Corinna berichtete mir in einem Gespräch von einer Erfahrung, die heute über 30 Jahre her ist. Ihre Schwiegermutter, die durch eine schwere Krebserkrankung sehr ausgemergelt war, war von ihrem Weiterleben überzeugt und wusste, dass sie von ihrer verstorbenen Tochter abgeholt werden würde. Damals hatte Corinna noch nie etwas von Nachtodkontakten gehört. Etwa neun Monate nach dem Tod ihrer Schwiegermutter hatte sie einen Traum:

«Ich war auf dem Ku'damm Ecke Joachimstaler und laufe dort lang. Plötzlich steht meine Schwiegermutter vor mir: mit langem, schwarzem Haar, wie in ihren besten Jahren. Es waren keinerlei Spuren ihrer schweren Krebserkrankung zu erkennen. Ich wollte sie umarmen, doch sie sagte: ‹Du kannst mich nicht anfassen. Ich bin nur eine Projektion.› Ich war völlig verwirrt. Dann fuhr sie fort: ‹Sage meinem Sohn, dass es mir gutgeht.› Dann war die Erscheinung beendet. Sie wollte mir mitteilen, dass es ihr gutgeht und dass sie weiterlebt. Ich habe das Erlebnis angenommen und gab die Information so weiter, wie sie es gesagt hatte. Das Erleben beeindruckte mich sehr. Sie benutzte mich offensichtlich als Medium, weil sie an ihre eigene Familie nicht herankam.»

Bemerkenswert an diesem Beispiel ist die Aussage der Schwiegermutter, dass sie nicht berührt werden kann, da sie eine Projektion sei. Da die Seele von ihrem Wesen her formlos ist, vermittelt sie ihre Anwesenheit über Bilder oder Projektionen. Dadurch können wir die Verstorbenen individuell identifizieren. Sie nehmen die Form an, in der wir sie gekannt haben. Wie wir bereits erfahren haben, können sich weiter entwickelte Seelen sogar körperlich manifestieren.

Träume von Verstorbenen haben einen hohen Realitätsgehalt. In vielen geschilderten Traumsequenzen treten lebende und verstorbene Personen nebeneinander auf. Der Träumer ist dabei die Person, die als Einziger den Toten wahrnimmt. Er kommuniziert mit dem Abgeschiedenen, während sich die anderen der Anwesenheit nicht bewusst sind. Das nun folgende Beispiel zeigt, dass Verstorbene in unsere gewöhnlichen Träume einbrechen und diese überlagern können:

«Ein paar Tage nach dem Tod meiner Mutter erschien sie mir im Traum. Unsere Familie war im Wohnzimmer versammelt, als ich plötzlich meine Mutter am Fenster stehen sah. Die anderen Familienmitglieder bemerkten offenbar nichts davon. Meine Mutter strahlte über das ganze Gesicht und erzählte mir, dass sie dort, wo sie jetzt ist, für die Blumen zuständig sei. Derartige Blumen und Farben könne ich mir gar nicht vorstellen. Sie teilte mir mit, dass es ihr sehr gutgehe. Sie sei so glücklich, dass sie nicht mehr zurückkommen werde.»

Ein häufig wiederkehrendes Motiv in den Träumen ist die Bitte der Abgeschiedenen, sie loszulassen und ihren Tod anzunehmen. Deswegen finden sich die typischen Bilder des Abschieds. Die Verstorbenen drücken dadurch aus, dass sie sich in der jenseitigen Welt weiterentwickeln und eine zu große Trauer sie dabei nur belastet.

Matthias schrieb mir: «Mein Bruder ist 1997 durch einen tragischen Unfall ums Leben gekommen. Im Traum haben wir uns immer wieder getroffen. Schon wenige Tage nach seinem Tod war er bei mir und verkündete, dass er gehen müsse. Er war aber nicht traurig, sondern ganz ruhig und auf eine Art sehr glücklich und ausgeglichen. Er nahm mich mit zum Unfallort. Dort sah ich, wie ein helles Licht vom Himmel auf ihn herabfiel. Mein Bruder ging in diesen Lichtkegel und stieg in den Himmel auf. Er besuchte mich in regelmäßigen Abständen in meinen Träumen, und wir tauschten Neuigkeiten über die Familie aus. Am Ende dieser Treffen betonte er allerdings: ‹Ich muss jetzt gehen.› Ich habe das Gefühl, dass er bewusst diesen Satz immer wieder sagte, damit wir endlich unsere abgrundtiefe Trauer loslassen können. Doch das fällt mir und der Familie immer noch sehr schwer. Und doch fühle ich mich bestärkt in dem Glauben, dass der Tod nicht das Ende ist.»

In diesem Traum will der Verstorbene verständlich machen, dass er selbst nach dem schweren Unfall ganz und heil und unmittelbar in die geistige Welt hinübergetreten ist. Er weist beständig darauf hin, dass er seinen Weg im Jenseits geht, aber gleichzeitig der Familie in ihrer schweren Trauer beisteht. Das zeigt, dass wir durch unsere Gedanken und unsere Liebe immer mit den Verstorbenen verbunden bleiben, egal, wo sich diese auch aufhalten mögen.

### 7. Erscheinungen Verstorbener

Erscheinungen treten häufiger auf, als es die meisten von uns annehmen. Grundsätzlich ist bei den visuellen Nachtodkontakten zwischen partiellen und vollständigen Erscheinungen zu unterscheiden.

In den Berichten von teilweisen Erscheinungen wird meistens nur ein Teil des Körpers beschrieben: das Gesicht, die Augen oder eine unterschiedliche Festigkeit des Körpers, der sich von einem durchsichtigen Nebel bis hin zu einer lebensecht wirkenden Gestalt zeigen kann. Eine Frau, die ihren Sohn durch einen Unfall verlor, schildert eine solche partielle Erscheinung:

«Michael starb mit 24 Jahren durch einen Verkehrsunfall. Drei Monate nach seinem Tod erschien mir eines Abends im Wohnzimmer ein Licht. Ich sah darin sein Gesicht, die Augen, das Lächeln, so, wie ich ihn geliebt habe. Sein Gesicht war von diesem Licht eingehüllt. Ich hätte ihn so gerne umarmt, doch er schüttelte nur den Kopf. Er sah übernatürlich schön aus und schien mir sehr glücklich zu sein. Dann verschwand das Licht mit seinem Gesicht, wie es gekommen war. Dieses Erlebnis hat mich sehr beruhigt.»

Am häufigsten sind jedoch Berichte, in denen ein Angehöriger oder Freund in vollständiger Gestalt erschienen ist. Die Betroffenen sehen den Körper lebensecht, und er wirkt feststofflich. Die Verstorbenen werden dabei wie in der besten Zeit ihres Lebens wahrgenommen. Die Toten erscheinen als ganz und heil, selbst bei vorangegangenen Behinderungen oder schweren Leiden. Sie erscheinen in ihrer Erdenkleidung oder tragen beispielsweise ein bestimmtes Hemd, das sie besonders geliebt haben. Manchmal zeigen sie sich auch in ihrer Arbeitskleidung oder tragen den Anzug oder das Kleid, in dem sie beerdigt worden sind. Die Kleidung, in der sie sich zeigen, hat einen großen Identifikationswert für die Hinterbliebenen.

«Mein verstorbener Sohn erschien mir völlig unerwartet im Wachzustand auf dem Schulhof, wo ich meine beiden Töchter abholen wollte. Wie aus dem Nichts kam er auf mich zugerannt. Was mich am meisten verblüffte, war, dass er sein über alles geliebtes, ausgewaschenes, rotes T-Shirt trug sowie seine schwarze Jeans. Sein Haar glänzte in der Sonne, und er sah hinreißend aus. Ich hatte mir immer große Sorgen um ihn gemacht, da er durch den Unfall verstümmelt wurde. Nun wusste ich, dass es ihm gutgeht.»

Erscheinungen sind sehr machtvolle Erfahrungen, die unsere Einstellungen über Leben und Tod verändern können. Die Toten demonstrieren, dass sie unabhängig von ihrem Alter oder der Todesursache wohlauf und geheilt sind. Derartige Erscheinungen können sich im Traum, aber auch im Wachbewusstsein ereignen. Die Berichte zeigen, dass wir jenseits unseres Körpers offenbar das Aussehen wählen können, mit dem wir uns im Leben am besten fühlten. Genau diese Beschreibungen werden auch durch die Wahrnehmungen von Menschen mit Todesnäheerlebnissen bestätigt.

Während des Übergangs in die geistige Welt durch den Tunnel kommt es zu Begegnungen und Kontakten mit Verstorbenen, die individuell identifiziert werden. Sogar Blinde können während ihrer außerkörperlichen Erfahrungen oder Nahtoderlebnisse sehen. Das wurde durch Kenneth Ring und Sharon

Cooper in einer entsprechenden Studie nachgewiesen.[50] Die berühmte Künstlerin und Blinde Helen Keller drückte diesen Umstand einmal so aus: «Der Tod ist lediglich ein Durchgang von einem Raum in einen anderen. Aber für mich besteht ein Unterschied, müssen Sie wissen. Denn in jenem anderen Raum werde ich sehen können.»[51]

Erscheinungen von Verstorbenen sind häufig mit Lichtphänomenen verbunden. Ingeborg schilderte mir in einem Brief:

«Drei Wochen nach dem Tod meines Mannes lag ich nachts wach im Bett. Plötzlich nahm eine Fülle von Licht, ähnlich einer riesigen Wolke, die ganze andere Hälfte des Bettes ein. Das Licht war gleißend, und ich wusste, das kann nur mein Mann sein. Ich empfand Frieden, Wärme und Geborgenheit. Ich weiß nicht, wie ich es beschreiben soll, aber dieses Licht verschmolz mit mir. Ich war so glücklich wie noch nie in meinem Leben. Dieses Erleben war derart intensiv und von einer solchen überirdischen Liebe geprägt, dass es mir den Eindruck vermittelte, dass sich mein ganzes schweres Leben für diesen einen Augenblick gelohnt hatte. Ich weiß jetzt, dass das Licht der Ort ist, in dem wir weiterleben werden.»

### 8. Physikalische Phänomene

Nachtodkontakte mit physikalischen und elektrischen Phänomenen ereignen sich ausgesprochen häufig: Lichter, Fernseher, Radios, Stereoanlagen oder Computer gehen an und aus, obwohl keine natürlichen Ursachen dafür vorliegen, und weisen uns dadurch auf die Gegenwart Verstorbener hin. Selbst schwere Gegenstände werden hin und her bewegt, oder sie verschwinden plötzlich, um an einer völlig unerwarteten Stelle wiederaufzutauchen.

Diese Form von Nachtodkontakten wird von den Betroffenen im Wachzustand erlebt. Phänomene im Zusammenhang mit Elektrizität sind dabei besonders häufig. Nachtodkontakte sind, unabhängig von der Form, durch Übertragung von Energie gekennzeichnet. Dabei lässt sich das Anliegen beziehungsweise die Anwesenheit eines Abgeschiedenen besonders gut über elektrische Geräte vermitteln. Dazu nun ein sehr einfaches Beispiel, das stellvertretend für viele ähnliche Fälle steht:

«Nach dem Tod meines Vaters war ich verzweifelt. Ich musste ständig an ihn denken und wie sehr er mir fehlte. Ich hoffte inständig auf ein Zeichen von ihm. Etwa drei Wochen nach seinem Tod saß ich alleine an meinem Schreibtisch und grübelte wieder einmal über seinen unvorhergesehenen und frühen Tod. Plötzlich erlosch meine Schreibtischlampe. Ich war wie vom Donner gerührt und spürte eine eigentümliche Gegenwart. Da ich sehr verunsichert war, fragte ich laut: ‹Bist du das, Papa?› In diesem Moment ging die Lampe wieder an, doch gleichzeitig ging das große Deckenlicht aus. ‹Wenn du hier bist, dann gib mir ein Zeichen.› Daraufhin ging die Schreibtischlampe dreimal hintereinander an und aus. Nun war ich mir absolut sicher, dass mein verstorbener Vater dieses verursacht hatte und dass ich mir das Geschehen nicht einbildete. Die Phänomene wiederholten sich in den nächsten Wochen noch mehrfach.»

Die Botschaft, die übermittelt wird, ist stets die gleiche: Es sind Zeichen der anderen Wirklichkeit, die uns darauf aufmerksam machen, dass die Toten weiterleben und um uns sind. Die Phänomene werden auch als unheimlich und daher wenig glaubwürdig angesehen. Viele fühlen sich überfordert oder zweifeln, ob sie sich das Erlebte nicht nur eingebildet haben. Und doch wurde so mancher Skeptiker durch derartige Vorfälle von der Weiterexistenz der Toten überzeugt. Manchmal werden die Phänomene auch von mehreren Personen gleichzeitig erlebt, wie das folgende Beispiel zeigt:

«Ich lag mit meinem Mann im Bett, als ich plötzlich die Gegenwart meines verstorbenen Sohnes spürte. Er war mit zwölf Jahren tödlich verunglückt. Mein Mann war noch wach, und ich fragte ihn, ob er auch etwas spüre. Er verneinte und drehte sich entnervt um. Plötzlich hörten wir ein lautes Geräusch aus dem Wohnzimmer. Wir standen beide auf, um nachzuschauen. Alle Lichter waren hell erleuchtet, und sogar im Esszimmer und im Badezimmer brannten alle Lampen. Die Stereoanlage hatte sich von selbst eingeschaltet und spielte das Lieblingslied meines Sohnes. Wir konnten es nicht fassen. Alle Lichter in der ganzen Wohnung brannten! Mein Mann brach in Tränen aus und glaubte nun, dass unser Sohn um uns ist.»

Selbst schwere Gegenstände können in Bewegung gesetzt werden. Wer jemals ein derartiges physikalisches Phänomen selbst erlebt hat, wird dieses Erlebnis nie vergessen. Ein junger Mann berichtete mir in einem Seminar die folgende, schon fast kuriose Episode:

«Nach dem Tod meiner Mutter befand ich mich im Flur unseres Hauses und wollte eigentlich anfangen, die Wohnung auszuräumen. Im Flur hing ein sehr großer und langgestreckter, schwerer Spiegel, der eingerahmt war. Meine Mutter liebte ihn sehr und stand oft lange Zeit davor. Plötzlich gab es einen lauten Krach, und der schwere Spiegel stürzte von der Wand. Er flog aber über die darunterstehende Kommode und landete unbeschadet auf dem Teppichläufer. In diesem Moment des Schreckens wusste ich: Sie ist hier. Das kann nur meine Mutter gewesen sein. Obwohl ich zitterte, hob ich den Spiegel auf und stellte zu meinem großen Erstaunen fest, dass der Draht auf der Rückseite intakt war. Der Nagel, an dem der Spiegel gehangen hatte, steckte noch in der Wand und war sogar fest verdübelt. Ich fand keine andere logische Erklärung für das Geschehnis, als dass meine Mutter versucht hatte, mit mir in Verbindung zu treten.»

Verstorbene können sich auch per Telefon bei uns melden, mit uns sprechen und uns kurze Mitteilungen zukommen lassen. Das geschieht häufiger, als wir meinen. Bei einem Telefonkontakt im Wachzustand ertönt das typische Klingeln. Wenn wir abheben, wird die Stimme des Verstorbenen vernommen. Sie ist entweder deutlich zu hören, oder sie klingt weitentfernt. Nach der Beendigung eines solchen Gespräches wird einfach Stille wahrgenommen, kein Klicken oder Freizeichen.

Ein Mann, der seinen 7-jährigen Sohn Michael durch Leukämie verloren hatte, zog sich nach dessen Tod gerne in eine Holzhütte in den Bergen Österreichs zurück. Dort hatte er viel Zeit mit seinem Sohn verbracht. Das Haus war voller Erinnerungen. Eines Abends klingelte das Telefon. Der Mann hob ab und vernahm Michaels Stimme. Dieser teilte ihm mit, dass es ihm gutgehe und dass er nun sehr glücklich sei. Der Vater solle aufhören, zu trauern und sich Vorwürfe zu machen. Das sei völlig unsinnig. Dann war plötzlich Stille, und das Gespräch war zu Ende. Das Ganze dauerte ungefähr drei Minuten. Das Telefon war nicht angeschlossen, wie der Mann später zu seinem Erstaunen feststellte. Und doch hatte es geläutet!

Ein materieller Gegenstand, wie hier ein Telefon, dient den Toten lediglich als Medium, um mit uns in Kontakt zu treten. Vermutlich nehmen sie zunächst über die Gedanken den Kontakt mit uns auf und suchen sich dann einen geeigneten Träger, damit sie ihre Botschaft vermitteln können. Die Kraft der Gedanken ist eine spezifische Energie, die auf Gegenstände einwirken kann. Das könnte erklären, warum ein Telefon klingeln kann, das gar nicht angeschlossen ist.

### 9. Nachtodkontakte als Schutz und Warnung

Die vorliegenden Berichte zeigen, dass Verstorbene weiterhin Einblick in unser Leben haben und manchmal mit Liebe und Anteilnahme über uns wachen. Sie versuchen, uns in schwierigen Lebenssituationen zu helfen und vor Schaden zu bewahren. Im Folgenden finden Sie einige Berichte von direktem Eingreifen aus der anderen Welt bei unmittelbarer physischer Gefahr des Hinterbliebenen.

Derartige Kontakte zeichnen sich durch eine große Dringlichkeit aus. Sie erfordern unsere sofortige Aufmerksamkeit. Die Toten haben einen größeren Überblick über unser Leben und sind dadurch imstande, Notlagen zu erkennen, von denen wir noch gar nichts ahnen.

Veronika schrieb mir: «1997 starb mein Vater an Leukämie. Ich erlebte nach seinem Tod immer wieder seine Präsenz. Etwa ein Jahr nach seinem Tod – es war der Silvesterabend 1998 – rüttelte mich plötzlich mein toter Vater aus dem Schlaf. Ich sah ihn physisch vor mir stehen und spürte seine Berührungen. Er blickte ernst und eindringlich und sagte nur, fast im Befehlston: ‹Hole sofort deine Kinder ab!›

Meine Söhne waren mit ihrem Freund zusammen in eine Disco gefahren, um dort ausgiebig Silvester zu feiern. Ich zog mich an, fuhr in die Stadt und brachte die überraschten Jungs nach Hause. In derselben Nacht ist der junge Mann, der meine Söhne sonst mitgenommen hätte, mit seinem Auto tödlich verunglückt. So hatte mein Vater buchstäblich das Leben meiner Kinder gerettet.»

Auch in schwierigen Verkehrssituationen kann es vorkommen, dass wir die warnenden Worte eines Verstorbenen vernehmen:

«Meine Tochter war durch einen Herzstillstand plötzlich gestorben. Ich konnte ihren Tod lange nicht verarbeiten. An einem nebligen Herbsttag geriet ich in einen Stau. Als ich gerade wieder anfahren wollte, vernahm ich die sehr eindringliche Stimme meiner Tochter in meinem Inneren. Sie forderte mich auf, sofort auf den Seitenstreifen zu fahren und anzuhalten. Ich war so überrascht, dass ich ihre Anweisungen befolgte. Kaum war ich auf dem Seitenstreifen, hörte ich ein lautes Krachen direkt vor mir. Durch den Nebel war dem Fahrer hinter mir entgangen, dass ein großer Lastwagen quer auf der Fahrbahn stand. Was habe ich für ein Glück gehabt, dass meine Tochter mich gewarnt hat! Seitdem weiß ich, dass sie immer um mich ist.»

Auch Suizidversuche werden mitunter durch das Eingreifen Verstorbener verhindert. Psychische Probleme, Depressionen oder Verlustsituationen aller Art können dazu führen, dass

Menschen sich überfordert fühlen und nicht mehr leben wollen. Manchmal brauchen sie nur einen kleinen Anstoß von außen, um die Sichtweise auf ihre Probleme verändern zu können. Wenn das gelingt, können die Betroffenen einen neuen Zugang zum Leben finden.

Eine erst 25-jährige Frau berichtete mir: «Mein Freund hatte mich verlassen, und gleichzeitig wurde ich arbeitslos. Mein ganzes Leben schien zerbrochen, und ich konnte keinen Sinn mehr in meinem Leben finden. Ich war sehr verzweifelt und weinte ganze Nächte. Ich beschloss, mir das Leben zu nehmen, und hatte dafür schon einige Zeit Tabletten gesammelt.

In jener Nacht spürte ich plötzlich eine sanfte Umarmung, und dann sah ich das Gesicht meiner verstorbenen Mutter vor mir. Sie blickte mich sehr ernst an und sagte: ‹Dein Leben hat einen höheren Sinn. Du befindest dich in einer Sackgasse, aber es wird dir bald besser gehen. Du wirst eine neue Arbeit finden und einen neuen Freund.›

Dieses Erleben rüttelte mich auf, und ich schöpfte neuen Lebensmut. Tatsächlich fand ich schon wenige Wochen später Arbeit, und drei Monate später lernte ich meinen jetzigen Ehemann kennen. Wir haben sogar ein Kind.

Ich bin meiner Mutter sehr dankbar, dass sie mir Trost und Hoffnung am schwärzesten Tag meines Lebens spendete. Heute weiß ich, dass mein Leben ein kostbares Gut ist.»

## 10. Nachtodkontakte unter Zeugen

Die Authentizität der Nachtodkontakte wird durch sehr eindrucksvolle und beweiskräftige Aussagen erhöht, bei denen gleich mehrere Personen Zeugen eines Kontaktes wurden. Sie hielten sich dabei alle am gleichen Ort auf. Das gemeinsame Erleben bekräftigt die Objektivität und Realität der Ereignisse. Die beteiligten Personen weisen meistens eine absolut identische Wahrnehmung auf.

Ein junger Mann berichtete mir: «Mein Bruder und ich waren von der Beerdigung meiner Mutter nach Hause gefahren. Sie fehlte uns sehr. Da sagte mein Bruder plötzlich: ‹Spürst du nicht auch die Gegenwart von Mama?› Ein ganz eigentümliches Gefühl beschlich mich. Wir nahmen auch beide einen intensiven Blütenduft wahr – es roch extrem nach Rosen, welche die Lieblingsblumen unserer Mutter waren. Das Ganze war unglaublich intensiv, und wir hatten das Gefühl, in Liebe eingehüllt zu sein. Die Zeit stand still. Dann hörten wir die Stimme unserer Mutter: ‹Bleibt immer zusammen! Ich bin bei euch!› Wir brachen in Tränen aus und umarmten uns. Nach einigen Minuten ließ der Duft nach. Wir versuchten, eine Ursache für den Rosenduft zu entdecken. Es war November, und im ganzen Haus gab es keine Rosen. Da erst verstanden wir, dass Mama sich von uns verabschiedet hatte.»

Sterben und Tod gehören zu den Themen, die wir am meisten verdrängen. Deswegen ist es für viele Menschen sehr schwer, über ihre Erlebnisse nach dem Tod eines Angehörigen mit anderen zu sprechen. Wir sind es nicht gewohnt, offen über innere Zerrissenheit und die damit verbundenen Gefühle zu reden. Wir blockieren uns eher und glauben, dass mit uns etwas nicht stimmt. Das obige Beispiel zeigt, wie entlastend es ist, einen Nachtodkontakt mit einem anderen zu teilen. Im folgenden Fall war der einzige Sohn tödlich verunglückt. Die Eltern sind völlig verzweifelt, als ihnen auf dem Weg zur Beerdigung ihr toter Sohn Oliver im Auto erscheint:

«Mein Mann hielt meine Hand, und ich weinte hemmungslos. Auf einmal spürten wir beide eine solche Ruhe, Stille und inneren Frieden. In diesem Augenblick erschien uns Oliver. Wir sahen ihn beide in seinen schwarzen Jeans und seinem karierten, beigefarbenen Hemd, das wir ihm für seine Beerdigung ausgesucht hatten. Mein Junge war von einem sanften weißen Licht umgeben und lächelte. Er setzte sich zwischen uns und ergriff unsere Hände. Telepathisch teilte er uns mit: ‹Es geht mir gut, und ich liebe euch. Aber der Unfall musste sein, da meine

Zeit auf Erden vorbei war. Ich bin immer bei euch.› Dann verschwand er so plötzlich, wie er gekommen war. Er löste sich einfach auf. Mein Mann und ich schauten uns fassungslos an, aber wir waren imstande, der Beerdigung unseres Sohnes mit tiefem inneren Frieden beizuwohnen. Das gemeinsame Erleben hat uns noch stärker miteinander verbunden.»

## Wie wir uns auf einen Nachtodkontakt einstellen können

Nachtodkontakte sind ein ganz normaler Bestandteil unseres Lebens. Sie werden von Abermillionen Menschen auf der ganzen Welt erlebt. Allerdings lässt sich ein Nachtodkontakt nicht erzwingen. Um aber die Wahrscheinlichkeit eines solchen Kontaktes zu erhöhen, können Sie um ein Zeichen bitten oder beten. Das Bitten um einen Kontakt ist überaus wichtig, da wir als Lebende keinen direkten Zugang zur geistigen Welt haben und eine Begegnung mit Verstorbenen nicht selbst herstellen können. Durch ein Gebet erreichen wir jedoch die Verstorbenen, wo immer sich diese auch aufhalten mögen.

Folgende Punkte können Ihnen helfen, sich auf einen Nachtodkontakt einzustellen:

– Wenn Sie beten, seien Sie aufmerksam und geduldig. Bringen Sie eine positive Erwartungshaltung auf, da es möglicherweise mehrere Wochen oder Monate dauern kann, bis Sie ein Zeichen erhalten. Nicht jede Bitte oder jedes Gebet wird unmittelbar erhört. Vertrauen Sie vor allem Ihrer Intuition, denn Zeichen von Verstorbenen sind oft so subtil, dass Sie diese manchmal gar nicht sofort bemerken.

– Wenn Sie das Gefühl haben, dass noch unausgesprochene Dinge zwischen Ihnen und einem Toten stehen, vollziehen Sie ein ganz praktisches und einfaches Ritual. Zünden Sie zu Hause eine Kerze an, oder stellen Sie sich ein Bild des Verstorbenen auf. Richten Sie dann Ihre Gedanken auf den Betroffenen und sagen ihm laut oder in Gedanken alles, was Sie auf dem Herzen haben und schon immer sagen wollten. Da wir durch Liebe und unsere Gedanken immer mit den Verstorbenen verbunden sind, werden Ihre Mitteilungen den Abgeschiedenen in jedem Fall erreichen! Sie können natürlich auch einen Brief schreiben, in dem Sie alles ausdrücken, und ihn dann verbrennen. Dadurch können Sie vor allen Dingen auch sich selbst entlasten.

In den Seminaren haben mir zahlreiche Teilnehmer immer wieder berichtet, dass sie bei diesem Ritual die Gegenwart des Toten gespürt haben. Erzwingen lässt sich das, wie gesagt, freilich nicht.

– Trauen Sie sich, mit den Toten zu sprechen. Fragen Sie um Rat. Sprechen Sie zunächst vielleicht ein Foto der verstorbenen Person an. Fühlen Sie in Ihrem Inneren, ob Sie eine Antwort spüren. Lassen Sie sich dabei Zeit, und formulieren Sie genau, was Sie einem Verstorbenen sagen wollen oder ihn fragen möchten. Nehmen Sie das jede Nacht mit in Ihren Schlaf, und achten Sie darauf, ob sich Ihre Gefühle verändern. Seien Sie offen für alles, was um Sie herum geschieht, und äußern Sie auch Ihre mögliche Enttäuschung oder Wut.

– Suchen Sie sich einen bestimmten Ort in der Natur, einen Park oder einen Friedhof, wo Sie regelmäßig Zwiesprache mit der verstorbenen Person halten.

– Achten Sie auf Ihre Träume! Schreiben Sie genau auf, was Sie von einem Verstorbenen geträumt haben: Wie sah er aus? Welche Kleidung trug er? Wie sah die Umgebung aus? Diese Informationen können nähere Hinweise oder Zeichen für Sie sein.

– Haben Sie keine Angst vor solchen Träumen. Wir haben von den Verstorbenen nichts Böses zu erwarten! Durch Träume erfahren wir, dass die Toten noch sehr lebendig sind. Glauben Sie an das, was Ihnen die Träume vermitteln! Wundern Sie sich nicht darüber, wenn der Verstorbene als ganz und heil erscheint oder Ihnen seinen derzeitigen Aufenthaltsort in der geistigen Welt zeigen will. Haben Sie auch davor keine Angst, da jede Furcht sofort blockiert.

- Sie können auch um eine Begegnung während des Schlafs bitten. Dazu visualisieren Sie das Gesicht des Verstorbenen und schicken ihm liebevolle Gedanken. Begegnungen und Erscheinungen von Verstorbenen im Traum sind deswegen so häufig, weil wir im Traumerleben entspannter und offener sind. Natürlich müssen Sie auch hier Geduld aufbringen.

- Lernen Sie, Ihrer Intuition zu vertrauen. Dadurch öffnen Sie sich für spirituelle Erfahrungen und werden empfänglicher für die subtilen Einflüsse der geistigen Welt. Jeder von uns verfügt über gewisse mediale Fähigkeiten, die aber meistens brachliegen, da sie entweder nicht eingesetzt oder nicht für möglich gehalten werden.

- Meditationsübungen können zu einer höheren Wahrnehmung beitragen. Regelmäßige Meditation fördert zudem unser Wohlbefinden und unterstützt den Heilungsprozess bei schwerer Trauer. Wer wissen möchte, wie man meditiert, findet entsprechende Literatur in jeder Buchhandlung. Wenn Sie regelmäßig meditieren, werden Sie die Erfahrung machen, dass wir mehr sind als nur unser Körper. Im Kern unseres Wesens sind wir geistiger Natur.

- Wenden Sie sich durch eine tiefe Entspannung von der äußeren, materiellen Welt ab, und konzentrieren Sie sich auf die geistigen Dimensionen des Seins. Wenn Sie sich entspannen, können Sie einen Kontakt mit Ihrer Innenwelt herstellen. Dort ist Ihr eigenes Kraftpotenzial zu finden. Je tiefer Sie sich entspannen können, umso offener werden Sie für Begegnungen und Kontakte mit Verstorbenen.

- Wenn Sie die Gegenwart eines Verstorbenen spüren, während Sie wach sind, versuchen Sie daran zu denken, was er Ihnen möglicherweise mitteilen möchte. Dazu können Sie sich hinsetzen, die Augen schließen, sich körperlich entspannen und tief durchatmen. Setzen Sie sich nicht unter Druck, weil Sie sich dann für die Erfahrung blockieren.

– So können Sie telepathisch um eine Botschaft bitten: Öffnen Sie Ihr Herz und Ihre Gefühle für die Anwesenheit eines Verstorbenen. Spüren Sie die erhöhte Energie im Raum. Je mehr Sie sich darauf einstellen und konzentrieren können, umso wahrscheinlicher sind längere Zwiegespräche. Wichtig sind einzig und alleine Ihre Empfänglichkeit und Offenheit!

– Wenn Sie Botschaften bekommen, achten Sie auf Ihre innere Stimme. Sobald Ihnen Ratschläge oder Informationen Unbehagen oder gar Angst bereiten, seien Sie vorsichtig. Kein einziges menschliches Wesen wird nach dem Tod automatisch zu einem vollständig erleuchteten und allwissenden Wesen. Nehmen Sie nur das an, was Ihnen in Ihrer Situation weiterhilft.

# 7. Kapitel

# Das Phänomen
# der erdgebundenen Seelen

## Hintergründe und Definition

Die gesamte Weltliteratur dokumentiert seit den Anfängen der menschlichen Aufzeichnungen die Existenz von Verstorbenen, die den Übergang in die geistige Welt nicht vollzogen haben. Diese sogenannten «erdgebundenen Seelen» werden auch als «verlorene» oder von der katholischen Kirche als «arme Seelen» bezeichnet. Diese Wesen können nicht akzeptieren, dass sie gestorben sind, und stecken zwischen dieser und der anderen Welt fest.

Je mehr sich ein Mensch während seines Erdenlebens nur dem Äußeren hingibt und sich dem Materiellen zuwendet, umso mehr verschließt er sich seinen höheren Kräften. Eine solche Seele steht nach ihrem Tod im Dunkeln, weil sie das Licht, welches jedem Menschen nach seinem Tod erscheint, in seiner Bedeutung nicht erkennen kann oder verleugnet.

Es gibt Abermillionen abgeschiedener, unwissender und herumirrender Seelen, die ihre Aufmerksamkeit weiterhin auf die Erde richten, da sie für diese die einzig mögliche Realität darstellt. Sie bleiben also freiwillig in Erdnähe und halten sich weiter in der gewohnten Umgebung auf. Diese erdgebundenen Seelen äußern sich durch Spuk- und Poltergeistphänomene jeder Art und sind für Besetzungen oder Besessenheit lebender Menschen verantwortlich.

Der Einfluss dieser entkörperten Wesenheiten ist die Ursache vieler geheimnisvoller und unerklärlicher Ereignisse auf Erden. Millionen solcher Geister, die ihren Weg ins Licht nicht gefunden haben, umgeben zahlreiche Menschen mit Gedankeneinflüssen. Wenn wir dieses Besessenheitsphänomen als Realität erkennen würden, könnten wir viele Entgleisungen des menschlichen Seelenlebens erklären: unerwünschte Gedanken, Ahnungen, Reizbarkeit, Erregbarkeit, Launen, plötzliche leidenschaftliche Ausbrüche bis hin zu Wahn und Psychosen.

Wie und warum eine Seele Besitz ergreift von einem Lebenden, erforschte in den 90er Jahren die Psychotherapeutin Edith Fiore. Sie beschreibt präzise diesen Vorgang bei einer jungen, suizidgefährdeten Patientin, die wegen schwerer Depressionen behandelt wurde. In einer Hypnosesitzung fand sich in ihr ein heimatloser Geist. Es handelte sich um einen depressiven Mann, der Suizid begangen hatte.

«Ich fühle mich sehr niedergeschlagen. Ich bin bestürzt, wütend und verwirrt. Es ist wegen meiner Frau. Sie war mir nicht treu. (Weint.) Sie ist schön, und sie ist ein sehr glücklicher Mensch … und ich bin es nicht … aber sie ist in der Lage, mich glücklich zu machen. Es verletzt mich, dass sie untreu war. Ich brauche sie! Ich habe mich stark bemüht, das zu sein, was sie will, aber sie liebt mich nicht. (Lange Pause.)

Ich sehe einen Fluss, der praktisch ausgetrocknet ist, und da ist eine Brücke. (Pause.) Jetzt bin ich auf der Brücke … Ich will hier nicht mehr bleiben. Es ist einfach zu schmerzvoll. Alles wäre besser als dies. Es gibt nichts, das mich hier noch länger halten könnte … Ich glaube, ich verliere noch den Verstand. (Pause.) Ich klettere auf das Geländer … Ich springe.

Ich liege auf dem Flussbett. (Lange Pause.) Ich fühle mich sehr seltsam … mein Körper fühlt sich komisch an. Ich kann aufstehen und meinen Körper auf dem Sand sehen. Doch ich bin immer noch hier! Verdammt, das ist nicht fair! Ich bin so wahnsinnig … es hat nicht funktioniert. Es ist nicht fair! Ich habe große Angst. Da ist ein sehr helles Licht um mich herum, sehr hell ... und ich hasse es! (Pause.) Ich will weg. Ich laufe das Flussbett hinunter, weg von meinem Körper. Ich laufe in Büsche und Bäume, weil es jetzt dunkler ist. Aber irgendetwas stimmt nicht – irgendetwas stimmt nicht! Ich verstehe es nicht. Ich stoße gegen einen Baum und gehe durch ihn hindurch. Ich fürchte mich und bin verwirrt. Ich mag das überhaupt nicht! Es ist, wie blind zu sein, herumzutappen und gegen Dinge zu stoßen. Ich werde einfach eine Weile hier liegen bleiben ...

Ich fühle mich so alleine. Lange bin ich in diesem Zustand gewesen. Es ist einsam, und ich fürchte mich und bin wütend. Es ist, als ob ich hier schon immer gewesen wäre. Ich höre ein paar Leute; sie haben Spaß. Sie sind am Strand, spielen. Ich gehe zu ihnen, doch sie ignorieren mich. Warum können sie mir nicht helfen? Warum wollen sie mir nicht helfen? Es geht mir so elend, und sie sind so glücklich. Das macht mich wütend!

Da ist ein wunderschönes junges Mädchen, das glücklich und reizend ist, aber sie hält nicht einmal inne und sieht mich an, sie bemerkt mich nicht einmal. (Linda schüttelt ihre Fäuste und sieht dann verwirrt aus.) Ich habe versucht, sie anzustoßen; ich verstehe es nicht; ich weiß nicht, was passiert ist.

Es ist, als ob ich jetzt bei ihr wäre; ich bin irgendwie ein Teil von ihr. Es ist jetzt viel besser. Mir ist jetzt wärmer. Sie ist sehr glücklich, und ich fühle mich noch immer sehr traurig, aber ich kann fühlen, was sie fühlt. Ich mag es, wenn sie sich gut fühlt. Doch sie ist diejenige, die all den Spaß hat – und das macht mich auch wütend. (Lange Pause.) Jetzt hat sie nicht mehr so viel Spaß wie sonst.»[52]

Diese erdgebundenen Geister sind die eigentlichen «Teufel» oder «Dämonen». Sie sind also nicht überirdischer, sondern menschlicher Herkunft. Es sind Wesen, die völlig blind auf die geistige Ebene gelangt sind und die an ihrer Selbstsucht und Unwissenheit festhalten.

Die Existenz von Besessenheitsgeistern wird sowohl im Alten wie auch im Neuen Testament erwähnt. In den Zeiten der Apostel galt die Fähigkeit, böse Geister auszutreiben, als Zeichen echter Jüngerschaft. «Und er (Jesus; Anm. d. Verf.) rief seine zwölf Jünger zu sich und gab ihnen Macht über die unreinen Geister, dass sie die austrieben», heißt es im Matthäus-Evangelium (Matth. 10.1). Jesus hat in seinem Wirken unzählige Geister ausgetrieben. Eine der bekanntesten Erzählungen ist die Heilung des Besessenen von Gerasa. Jesus lenkt eine «Legion» böser Geister in eine Schweineherde, die dann einen Abhang hinunterstürzt. Der Besessene aber ist geheilt (Lukas 8.26–36).

Schon die Autoren der klassischen Antike schrieben über die verlorenen Seelen und ihre negativen Einwirkungen auf die Lebenden. «Homer nimmt wiederholt Bezug auf dämonische Einwirkung und sagt zum Beispiel: ‹Ein Kranker, der dahinsiecht, ist einer, den ein böser Geist angeblickt hat.› Plato behauptet, dass Dämonen Menschen besessen machen. Sokrates spricht geradezu von Dämonen, welche die Irren beeinflussen. Plutarch schreibt: ‹Gewisse herrschsüchtige Dämonen suchen sich zur Befriedigung ihrer Gelüste eine noch im irdischen Körper lebende Seele; da sie (als körperlose Geistwesen) ihren irdischen Leidenschaften anders nicht mehr Genüge verschaffen können, reizen sie Menschen auf zu Aufruhr, Wollust, Eroberungskriegen und erreichen auf diese Weise das, wonach es sie gelüstet.› Josephus sagt: ‹Dämonen sind die Seelen böser Menschen.»›[53]

Platon (427–347 v. Chr.) schrieb dazu in seiner Ideenlehre «Phaidros»: «Ihr kennt die Geschichte über Seelen, die … auf Friedhöfen und Grabstätten umgehen, auf denen, wie es heißt, gespenstische Phantome der Seelen tatsächlich gesehen werden: ebenjene Erscheinungen, die derartige Seelen hervorbringen würden, Seelen, die nicht rein sind, wenn sie den Körper verlassen, sondern noch etwas von der Körperlichkeit zurückbehalten, was erklärt, warum man sie sehen kann … Es sind zweifellos nicht die Seelen der guten Menschen, sondern die der bösen, die als Strafe für einen üblen Lebenswandel gezwungen werden, solche Orte heimzusuchen.»[54]

Der amerikanische Psychiater Carl Wickland erforschte das Phänomen der verlorenen Seelen bereits im frühen 20. Jahrhundert. Seine Protokolle «Dreißig Jahre unter den Toten» sind längst zu einem Standardwerk geworden, das noch heute von Therapeuten, die sich mit der Thematik zu beschäftigen wagen, studiert wird.

Die Ehefrau des Psychiaters war über 30 Jahre das Sprachrohr für die armen Seelen, die in den Sitzungen von ihren Problemen berichteten. In den vielen Jahren sprach das Ehepaar mit Tausenden dieser Wesen. Durch die systematische Erforschung dieses Zwischenbereiches konnte nachgewiesen werden, dass diese Seelen erdgebundene Menschen waren, die mit ihren neuen Lebensverhältnissen nicht zurechtkamen oder nicht an ein Leben nach dem Tod glaubten.

Von kirchlicher Seite wurde eine Bannmeile um den medialen Geisterverkehr gezogen: Menschen dürfen die Toten nicht um ihre «Ruhe» bringen. Das sind völlig falsche Vorstellungen von den Lebensverhältnissen der Verstorbenen. Die Seelenruhe der Erlösten besteht aus einem inneren Seelenfrieden durch die Nähe und die Einheit mit Gott, weshalb sie aber nicht untätig bleiben in der Arbeit für die vielen nicht erlösten Seelen. Verlorene Seelen haben diese Ruhe noch nicht gefunden und bedürfen unserer Hilfe.

In der Hinführung auf unser Thema ist es nicht möglich, die unzähligen Dokumente des Mittelalters und der späteren Epochen einzeln zu benennen. Im Folgenden werde ich mich auf heutige Probleme und Beispiele aus der Forschung beziehen.

## Gründe für die Erdgebundenheit

Die häufigsten Gründe für Erdgebundenheit sind Angst, Unwissenheit, Orientierungslosigkeit, Verwirrung und ein stark erdwärts gerichtetes Denken. Dabei kann die Angst vor Schuld, Strafe oder einem Rachegott die Vorstellung erzeugen, dem Unfassbaren und Unbekannten hilflos ausgeliefert zu sein. Wir sind unsere Gedanken. Das bedeutet, dass sich unmittelbar manifestiert, was wir im Augenblick unseres Todes im Bewusstsein haben. Der freie Wille wie auch die Persönlichkeit bestehen weiter.

Wir sind das Produkt unserer Gedanken, Taten und Worte. Wer sich im Leben allzu sehr an bestimmte Personen oder bestimmte Orte gebunden hat, wird diese auch nach seinem Tod nicht ohne weiteres loslassen. Helfende Geistwesen werden von den Betroffenen zurückgewiesen, weil sie sich über ihren Zustand des Gestorbenseins nicht im Klaren sind. Sie fliehen vor dem Licht, da sie glauben, noch am Leben zu sein. Diese Seelen bleiben so lange erdgebunden, bis sie ihre Einstellung ändern, um Hilfe bitten oder freiwillig ins Licht gehen.

In einer typischen Todeserfahrung verlässt die Seele des Menschen seinen Körper. Im Todesmoment helfen Engel, Geistwesen oder vorangegangene Verstorbene, den Seelenkörper von unserem physischen Körper zu trennen. Normalerweise geht die Seele dann ins Licht ein. Dieser Vorgang wurde durch die Nahtoderfahrungen, durch mediale Zeugnisse oder Rückführungstherapeuten stets als befreiend und schön beschrieben. Wir sind dann buchstäblich in der Liebe.

Jeder, der auf die anderen Ebenen des Seins wechselt, befindet sich automatisch in einer höheren Schwingungsfrequenz, die durch eine Bewusstseinserweiterung gekennzeichnet ist. Alles wird nun gleichzeitig erlebt. Unserem persönlichen Bewusstseinsgrad gemäß erreichen wir nach dem Tod die geistige Dimension, die unserem Entwicklungsniveau entspricht.

Wer sich jedoch während seines Lebens zu stark am Materiellen orientiert hat, wird zunächst auf die unteren Ebenen geleitet, da alle anderen Dimensionen der geistigen Welt für eine solche Seele nicht zugänglich sind. Die verlorenen Seelen sind sich ihrer geistigen Natur nicht bewusst und fliehen verängstigt und verwirrt vor dem Licht.

Nun möchte ich die unterschiedlichen Gründe für Erdgebundenheit näher untersuchen.

### 1. Der Glaube, dass mit dem Tod alles aus ist

Verstorbene, die während ihres Lebens davon überzeugt waren, dass mit dem Tod alles aus ist, haben besondere Schwierigkeiten, sich den neuen Gegebenheiten anzupassen. Da sie nicht verstehen, dass sie gestorben sind, versuchen sie, ihr Leben so weiterzuführen, als ob nichts geschehen wäre. Sie befinden sich in einem Zustand tiefster Verwirrung, treiben ziellos umher oder versuchen, mit den Lebenden in Kontakt zu treten.

Die amerikanische Psychologin Edith Fiore, die als Rückführungstherapeutin arbeitet und sich dem Spezialthema «Besessenheit durch Geister» in jahrzehntelanger Arbeit gewidmet hat, erklärt, dass die meisten Todeserlebnisse, an die sich ihre hypnotisierten Patienten erinnerten, durchweg positiv waren und eine Lichtbegegnung beinhalteten. Daneben fand sie aber auch negative Erlebnisse:

«Andere waren anders. Anstelle eines sanften Übergangs von einer Welt zur anderen erinnerten sich einige tatsächlich, voller Angst vor dem Licht geflohen zu sein oder sich von ihren verschiedenen Verwandten … oder Führern abgewendet zu haben. Viele waren sich ihres Todes nicht bewusst, da sie sich lebendig fühlten, und sie waren total verwirrt oder verängstigt, besonders, wenn sie sich bei den Lebenden nicht bemerkbar machen konnten. Diese Individuen blieben erdgebunden – gebunden an die physische Ebene – trotz der Tatsache, dass sie gestorben waren.»[55]

Damit Sie sich vorstellen können, wie eine solche Arbeit mit einer verstörten Seele in der Hypnose aussieht, folgt nun ein Beispiel von einer typischen Sterbeszene, bei der Verstorbene die Seele abholen wollen, diese sich jedoch hartnäckig verweigert. Die Frau kann ihren Tod nicht akzeptieren.

«Ich schlafe … ich schlafe auf einem Satinbett. Ich bin nicht tot, wie Sie wissen! Ich bin es nicht! Ich kann – will – nichts mehr sehen!› Augenblicke später erkannte sie einige geistige Verwandte, einschließlich ihres verstorbenen Mannes und ihrer engsten Freundin. Sie sagte: ‹Ihr werdet mir nicht sagen, dass ich tot bin. *Ich bin nicht tot!* Da ist Betty! Sie ist tot. Sie will, dass ich zu ihrem Haus gehe. Aber ich kann nicht mit ihr gehen, weil sie tot ist. Betty ruft mir zu: ‹Du bist tot! Du bist tot!› – ‹Doch, nein! Ich bin nicht tot!!› Nachdem ich weiter mit ihr über den Tod gesprochen hatte, war sie schließlich in der Lage, ihren wahren Zustand zu akzeptieren, und ging dann freiwillig mit ihrem Mann und Betty.»[56]

Jedem Sterben liegt ein Seelenentscheid zugrunde, wobei sich der Verstand des Menschen häufig weigert, den Tod zu akzeptieren. Wenn sich ein Sterbender bis zum Augenblick des Todes gegen diesen zur Wehr setzt, kann es sein, dass die Seele den eigentlichen Übergang nicht mitbekommt. Das Bewusstsein des Betroffenen hat lediglich die Ebene gewechselt, besteht aber ohne Unterbrechung fort. Daher versteht die Seele nicht, dass sie gestorben ist.

## 2. Feststecken in Gedankenspiralen

Ein deutscher Psychiater, der mit verlorenen Seelen arbeitet und versucht, diese zu befreien, erklärte mir in einem Gespräch, wie dieses Verfahren funktioniert. Die Seelen werden ihm durch helfende Geistwesen zugeführt. Durch seine Medialität kann er eine betroffene Seele im Trancezustand zu sich hereinholen. Dadurch ist es möglich, zu dem verwirrten oder traumatisierten Geist einen Kontakt herzustellen. Das Wesen hat nun die Möglichkeit, sich zu orientieren. Danach versucht der Psychiater, der Seele zu verstehen zu geben, dass sie gestorben ist und ins Licht gehen soll. Hierzu ein Beispiel:

«Der 17-jährige Christian war ein begeisterter Autofahrer, obwohl er noch keinen Führerschein besaß. Heimlich lieh er sich das Auto seines Freundes aus, um eine Spritztour zu unternehmen. Auf der regennassen Fahrbahn gerät das Auto ins Schleudern, und er rast frontal gegen einen Baum. Christian stirbt noch an der Unfallstelle. Der Wagen hat einen Totalschaden. Christian bemerkt nicht, dass er gestorben ist, da er im Augenblick des Todes nur daran denkt, dass er einen riesigen Schaden verursacht hat und dafür aufkommen muss. Er bleibt in der Gedankenspirale stecken, dass er 15 000 Euro aufbringen muss. Seine Aufmerksamkeit ist ganz alleine darauf fokussiert. Er bemerkt nicht, dass er gestorben ist, und sieht auch seinen abgestreiften Körper nicht an der Unfallstelle liegen. Zunächst bleibt er einige Wochen am Ort des Unfalls verhaftet. Später irrt er ziellos umher und versucht in seiner Verwirrung, Menschen anzusprechen, die ihn aber nicht bemerken. Er bleibt in dem Gedanken gefangen, dass er seine Schulden bezahlen muss, bis ihn helfende Geistwesen dem Psychiater zuführen.»

Das Beispiel verdeutlicht, dass der Bewusstseinszustand im Augenblick des Todes für das Erleben des Überganges ausschlaggebend ist. Christian steckt in dem Gedanken fest, 15 000 Euro aufbringen zu müssen. Deswegen nimmt er die eigentliche Realität seines Todes gar nicht wahr. Er glaubt, dass er nach wie vor lebendig ist, obwohl er seinen Körper verlassen hat, und bleibt wochenlang an der Unfallstelle. Edith Fiore zitiert zwei ähnlich gelagerte Fälle:

«Ein junger Mann, der bei einem Autounfall getötet wurde, blieb am Unfallort, sah zu, wie Sanitäter seinen Körper in einen Plastiksack steckten, ohne die Bedeutung dessen, was geschehen war, zu begreifen. Weil er sich einsam fühlte, trieb es ihn dann in die Halle eines Motels, in dem er als Musiker aufgetreten war, und er war schockiert, als die Leute dort ihn nicht sehen konnten und nicht mit ihm sprachen. Als er es mir erzählte, scherzte er: ‹Ich fühlte mich wie Casper, der freundliche Geist!›

Ein anderer Mann, der ebenfalls bei einem Autounfall starb, blieb mehr als 24 Stunden am Unfallort und starrte benommen auf die Stelle, an der sein Auto von der Straße abgekommen und in einen Fluss gestürzt war, ehe er irgendwie zu seinem Haus zurückkehrte, wo er vergeblich versuchte, mit seiner Familie Kontakt aufzunehmen.»[57]

### 3. Die Angst vor Strafe

Viele erdgebundene Seelen fühlen sich schuldig oder schlecht und haben große Angst vor der Strafe Gottes. Daher fliehen sie vor dem Licht. Gott aber ist reine Liebe und straft niemals! Unwissenheit und Angst, versagt zu haben, blockieren manche Seele, und dadurch ist sie an ihrem Weiterkommen gehindert. Schon während unseres Lebens bestrafen wir uns ständig selbst durch unsere Gedanken und machen uns das Leben buchstäblich zur Hölle. Das Bild des strafenden Gottes hat sich besonders vielen religiösen oder frommen Menschen eingeprägt, denen dies von frühester Kindheit an eingehämmert wurde. Aus der Praxis der Sterbebegleitung gibt es dafür viele Beispiele. Je tiefer das Unterbewusstsein mit derartigen Ängsten programmiert ist, umso schwieriger gestaltet sich das Sterben. Dazu ein typisches Beispiel:

«Meine Mutter entstammte einem sehr frommen Elternhaus. Mit 84 bekam sie Lungenkrebs und starb sehr qualvoll über eine längere Zeit. Ich saß immer wieder an ihrem Bett und fragte mich, warum sie nicht loslassen kann. Ich bat Gott um Hilfe und betete für sie. Intuitiv erfühlte ich, dass sie Angst vor Gott hat. Obwohl sie ein sehr redliches Leben führte, konnte sie nicht sterben, da das Bild vom strafenden Gott ihr unendliche Angst einjagte. Ich rief dann einen Priester, der sehr liebevoll mit ihr sprach und ihr die Beichte abnahm. Danach kam sie endlich zur Ruhe und konnte in Frieden sterben.»

### 4. Sucht

Eine der stärksten Bindungen an die physische Welt ist die Sucht in jeglicher Form. Wenn jemand in einem solchen Zustand stirbt, kann das Verlangen nach Drogen, Alkohol, Rauchen, Sex oder

Essen unmittelbar nach dem Tod dazu führen, dass der Geist die irdische Ebene nicht verlassen will. Der Betroffene versucht weiter, seinem Trieb nach Suchtbefriedigung nachzugehen. Deswegen interessiert eine solche Seele weder die Anwesenheit von Freunden oder Verwandten, noch will ein süchtiger Geist ins Licht eintreten. Er neigt vielmehr dazu, sich mit lebenden Süchtigen zu umgeben oder weiterhin die Orte aufzusuchen, an denen er zu Lebzeiten seine Sucht ausgelebt hat. Besonders diese verlorenen Seelen besetzen häufig ähnlich strukturierte Menschen, da diese durch ihre Neigungen offen und empfänglich dafür sind.

George Ritchie erlebte eine der intensivsten Nahtoderfahrungen, die in der Forschung jemals beschrieben wurden. In seinem Buch «Rückkehr von morgen» beschreibt er sehr drastisch die Verbindung von Sucht und Besetzung:

«An dieser Stelle führte mich das Licht in das Innere einer schmierigen Bar in der Nähe von einem, so wie es aussah, großen Marinestützpunkt … Eine Anzahl der Männer, die an der Bar standen, schien unfähig zu sein, die Gläser an ihre Lippen zu setzen. Immer wieder beobachtete ich es, wie sie nach ihren Gläsern griffen, wie sie mit ihren Händen durch massive Becher hindurchgriffen, hindurch durch die schwere hölzerne Theke, hindurch durch die Arme und Körper der Trinker um sie herum.

Und diese Männer, so war es bei jedem zu beobachten, hatten nicht die Lichthülle, mit der die anderen umgeben waren. Demnach musste der Lichtkokon nur zu den lebenden Körpern gehören. Die Toten, wir, die wir unsere feste Materie verloren hatten, hatten damit diese ‹zweite Haut› ebenfalls verloren. Und es war offensichtlich, dass nur diese lebenden Menschen, die von einem Licht umgeben waren, in Wirklichkeit tranken, redeten, durstig miteinander anstießen …

Aber das war es nicht, was ich mir ansah. Ich starrte mit Verwunderung auf den hellen Kokon um den bewusstlosen Matrosen, der sich einfach öffnete. Er teilte sich über seinem Kopf und fing an, sich vom Kopf und seinen Schultern abzuschälen. Gleichzeitig, schneller, als ich jemals jemanden in Bewegung sah, war eines der körperlosen Wesen über ihm, das in seiner Nähe an der Bar gestanden hatte. Wie ein durstiger Schatten hatte es an der Seite des Matrosen gelungert und gierig jeden Schluck verfolgt, den der junge Mann nahm. Jetzt schien es auf ihn zu springen, wie ein wildes Tier auf die Beute.

Im nächsten Augenblick war zu meiner großen Verwunderung die springende Figur verschwunden. Das alles passierte noch, bevor die zwei Männer ihre bewusstlose Ladung unter den Füßen derer wegzogen, die an der Bar saßen. Ich hatte ganz bestimmt eine kurze Zeit zwei Einzelpersonen gesehen; als sie den Matrosen an die Wand lehnten, war es nur noch eine.»[58]

George Ritchie beschreibt in seiner außerkörperlichen Reise Orte, an denen Lebende und Verstorbene Seite an Seite existieren. Die Lebenden sind sich dabei der Gegenwart der Toten nicht bewusst. Die verlorenen Seelen, die noch an ihre Sucht gebunden sind, versuchen, in die Aura der Menschen einzudringen, damit sie auf diese Weise ihre Süchte weiter befriedigen können. Das Gebundensein an Gewohnheiten, Hass oder zerstörerische Vorstellungen lässt diese Seelen ihren Zustand des Gestorbenseins nicht akzeptieren.

Erdgebundene Seele sind verwirrte und unglückliche Seelen, da sie weder ihren Frieden finden noch ihre Bedürfnisse wirklich befriedigen können.

## 5. Plötzlicher Tod

Abermillionen Seelen sind durch die Kriege der Welt, die großen Schlachten der Vergangenheit oder durch Naturkatastrophen im Übergang stecken geblieben. Der Tod in einem Kriegsgeschehen kann zu einer Orientierungslosigkeit der Betroffenen führen: Sie erkennen nicht, dass sie gestorben sind, und bleiben in einer Zwischenwelt stecken. Medial begabte Menschen, die diese gefangenen Seelen spüren oder sehen können, betonen, dass auf den großen Schlachtfeldern der Geschichte bis heute viele dieser Seelen nicht erlöst sind. Der amerikanische Hellsichtige Gordon Michael Scallion berichtet in seinem Buch «Notes from the Cosmos» von seinen Visionen. Jugendliche aus der Zeit des Sezessionskrieges brauchten seine Hilfe, da sie in einer Zwischenwelt feststeckten. Sie erschienen Scallion sogar in seinen Träumen, bis er sich entschloss, den Ort aufzusuchen, der ihm in den Visionen gezeigt wurde. Als er den bezeichneten Ort erreichte, nahm er die Schemen von unzähligen unerlösten Seelen über den Gräbern wahr. Sie baten ihn eindringlich, sie aus der Zwischenwelt zu befreien. Scallion ebnete den verlorenen Seelen den Weg ins Jenseits, damit sie ihren Frieden fänden. Nach seinem Ritual, das nicht näher beschrieben wird, lösten sich die Erscheinungen über den Gräbern auf.

Die Seele eines Jungen bedankte sich bei ihm und erklärte: «Viele von uns, es waren Hunderttausende, sind im Übergang stecken geblieben. Wir waren viel zu jung, als wir starben. Wir wussten nichts. Unser Leben war schon beendet, bevor wir Zeit hatten, uns auf den Übergang vorzubereiten. Wir verharrten auf diesem Bewusstseinslevel in einer Art Schock und führten die Schlacht fort, in der wir gestorben waren. Wir konnten keine Entscheidung mehr für uns selbst treffen.»[59]

Auch auf den Schlachtfeldern des Ersten und Zweiten Weltkrieges starben Abermillionen von Menschen gleichzeitig. Für zahlreiche Betroffene blieb nach ihrem Tod die Zeit stehen. In der Forschungsliteratur ist von «endlosen Handlungsschleifen» die Rede, was bedeutet, dass sie das Ereignis der Schlacht wieder und wieder erleben. Ihr Bewusstsein wurde nicht vom Schlachtfeld abgezogen und blieb im Geschehen stecken. Erst wenn Verstorbene ihr Bewusstsein auf die jenseitige Realität fokussieren, ist es für andere Geistwesen möglich, ihnen zu helfen. Noch heute geschieht Ähnliches auf allen Kriegsschauplätzen dieser Welt.

## 6. Suizid

Wenn sich ein Mensch das Leben nimmt, kann es durchaus sein, dass Orientierungslosigkeit oder Verwirrung über die Bewusstseinskontinuität zum Erdgebundensein führt. Viele Suizidenten verstehen ihren Zustand nicht, da die Probleme, vor denen sie zu fliehen versuchten, nach wie vor existieren. Sie fühlen sich genauso deprimiert wie vor ihrem Tod. Die Arbeit an den Lektionen des Lebens wird durch einen Suizid nur aufgeschoben. Alle unerledigten Dinge müssen früher oder später sowieso aufgearbeitet werden.

«Meine Schwiegermutter nahm sich wegen einer schweren Krebserkrankung, die sie nicht mehr ertragen konnte, das Leben. Irgendwie fühlte ich intuitiv, dass sie noch nicht erlöst war. Ich hatte den Eindruck, dass sie Hilfe brauchte. Eines Nachts rüttelte es an meinem Bett, und ich wachte erschreckt auf. Ich spürte die Gegenwart meiner Schwiegermutter, obwohl ich sie weder sah noch hörte.

Ich konnte nicht wieder einschlafen und ging ins Wohnzimmer. Dort lag ein aufgeschlagenes Buch über Suizid, in welchem ich in den letzten Tagen gelesen hatte. Auf einmal war ich hellwach, und auch meine Schwiegermutter war überdeutlich als Präsenz im Raum. Ich wusste, dass sie meine Hilfe brauchte. Spontan nahm ich das Buch in die Hand und las ihr einige wichtige Einsichten des Autors über den Suizid vor, bestimmt zwei Stunden lang. Dann bat ich sie, sich zu verabschieden und ins Licht zu gehen. Meine Schwiegermutter muss dadurch ihren Frieden gefunden haben, denn sie meldete sich danach nie wieder. Auch meine negativen Gefühle waren verschwunden.»

Der Forschungsliteratur zufolge können manche Seelen selbst nach einem Suizid direkt ins Licht gehen. Das ist von Fall zu Fall unterschiedlich. Eines aber sollte uns klar sein: Es gibt keine Verdammnis oder Strafe! Keine Seele geht auf ihrem Weg durch das Jenseits jemals verloren. Edith Fiore zitiert aus einer

Rückführung, in der eine Seele nach einem Suizid den Weg ins Licht beschreibt:

«Ich schließe mich dem Licht an. Ich entstehe im Licht; doch das Licht ist nicht das Ende. Das Licht ist der Anfang. Es gibt für mich mehr als das Licht. Da sind Geister jenseits des Lichtes. Da sind weitere Geister wie ich.

Ich gehe in das Licht. Einige Geister gehen leicht. Einige Geister überholen mich so schnell! Einige haben Schwierigkeiten, mit mir mitzuhalten. Ich versuche, mehr über das Licht herauszufinden. Was ist auf der anderen Seite? Was ist es, das diese Leute … diese Geister anzieht? Warum? Was ist es?

Es fühlt sich gut hier an. Die Kälte geht … sie ist weg. Hier ist Hitze. Hier ist Wärme … hier ist Frieden, doch nicht totaler Frieden. Es gibt mehr Frieden und Glück jenseits des Lichts. Ich kann das sehen. Ich kann das fühlen. Ich weiß, dass es da ist. Trotzdem ist es nicht leicht hindurchzugehen.

Jemand hilft mir. Ich stolpere und falle. Oh! Mein Führer hilft mir. Hier sind eine Menge Geister. Ich kommuniziere mit allen diesen Geistern. Jetzt ist hier eine Menge Glück. Ich fühle mich glücklich. Ich fühle mich besser als je zuvor. Ich empfinde Freude. Ich fühle mich nicht mehr alleine. Ich gehöre dazu …

Ich lasse meinen Schmerz zurück. Sie machen mich glücklich. Sie geben mir Stärke und lassen meine Verwirrung verschwinden, führen mich, durch ihre Sinne – ihre Gedanken –, ihre Erfahrung. Jetzt ist es vorbei … es ist vorbei!»[60]

Der Tod macht uns weder weise, noch befreit er uns automatisch von den Irrtümern unseres Lebens. Die Persönlichkeit bleibt bestehen, und wir sind keineswegs automatisch erlöst. Jeder muss an sich arbeiten und bedarf eines geistigen Fortschritts, der nur mühsam erlangt werden kann.

In der ersten Phase nach dem Tod ist die Arbeit an der eigenen Seelenqualität sehr wichtig. Durch die Lebensrückschau werden wir mit uns selbst konfrontiert. Je mehr wir dabei an Erkenntnissen und Einsichten erlangen und unser Leben objektiv betrachten können, umso mehr verstehen wir den geistigen Sinnzusammenhang unseres Lebens und unser Verwobensein mit allem anderen Sein. Dieser Prozess ist keineswegs nur angenehm. Wir müssen uns selbst an dem Maßstab messen, ob Liebe gegeben oder zurückgehalten wurde. Das Motiv unseres Lebens wird offenbar. Wir erkennen, was unsere eigentliche Lebensaufgabe war und weswegen wir uns inkarniert haben. Dadurch erfahren wir, ob wir unser Bewusstsein erhöht haben oder hinter den eigenen, vor der Geburt getroffenen Entscheidungen über die Lebensaufgabe zurückgeblieben sind.

Natürlich gibt es Seelen, die davon so betroffen sind, dass sie sich weigern, sich diesem Erkenntnisprozess zu stellen, und sich deswegen lieber in dunkleren Bereichen aufhalten. Wenn sie überdies in ihrem Wollen und Streben erdwärts gerichtet sind, bleiben sie erst recht weiter in Erdnähe und halten sich an ihnen bekannten Orten auf.

Was heute von vielen Menschen, die sich mit der Problematik der verlorenen Seelen beschäftigen, verkannt wird, ist die Tatsache, dass wir auch nach unserem Tod über einen freien Willen verfügen. Nur durch Einsicht und Läuterung und den Willen, geistig wachsen zu wollen, können wir Fortschritte nicht nur in der geistigen Welt, sondern schon in unserem gegenwärtigen Leben erreichen. Wenn der eigentliche Sinn der menschlichen Existenz im seelisch-geistigen Wachstum besteht, so ist die Summe dessen, was wir davon im Leben realisiert haben, das Reisegepäck, das wir in die andere Welt mitnehmen. Insofern ist jeder Wachstumsprozess individuell.

Wenn eine Seele nach ihrem Übergang in ihrem Streben und Wollen erdwärts gerichtet bleibt, so beinhaltet auch das den Aspekt der freien Wahl: Jede Seele hat durch die freiwillige Arbeit an ihrer Seelenqualität die Möglichkeit, ins Licht zu gehen und sich weiterzuentwickeln. Wenn sie das aber, aus welchen Gründen auch immer, nicht einsieht oder ihren Tod nicht akzeptiert, also keine Einwilligung dem Sterbenmüssen gegenüber erlangt hat, ist sie nicht vollendet. Das kann besonders dann der Fall sein, wenn ein Mensch plötzlich und unerwartet durch Mord, Unfall, Suizid oder eine Naturkatastrophe ums Leben kommt. Diese Seele wird buchstäblich von einem Moment zum anderen aus dem Leben gerissen.

Je höher eine Seele schon im Leben entwickelt ist und über ein Bewusstsein des Lebens nach dem Tod verfügt, umso eher wird sie bereit sein, auch unerwartete Schicksalsschläge auf sich zu nehmen. Aus der Begleitung und Beobachtung sterbender Menschen zeigt sich, dass eine höher entwickelte Seele selbst ein schweres Leiden klaglos auf sich nimmt, da es der Bereinigung von Unerledigtem dient. Schmerzen und Leiden, die häufig mit dem Sterben einhergehen, sind für die seelische Entwicklung ein Durchgangspunkt, der in ihrer Vollendung mündet. Dadurch wird die Seele frei von irdischem Ballast.

Dieser innergeistige Vorgang wird im Außen von den Angehörigen nicht verstanden und führt zu der hilflosen Frage, warum Gott ein solches Leiden zulässt. Wenn der sich nahende Tod vom Sterbenden akzeptiert wird, kann die Seele ihren Weg in die andere Welt befreit antreten. Solange auf Erden noch Wachstum möglich ist, reift die Seele wie ein Baum heran. Im Moment des Übergangs in die andere Welt geht eine vollendete Seele ihren Weg bewusst, frei und ohne Ablehnung. Sie kann wirklich loslassen und hat ihren Frieden gefunden.

### 7. Die Bindung an Lebende

Viele Seelen können sich nach ihrem Tod auch deswegen nicht von der irdischen Ebene lösen, weil sie zwanghaft an Lebende gebunden bleiben. Eltern, die ihre Kinder nicht loslassen können und ihnen weiter zur Seite stehen wollen, oder Verheiratete, die sich nach wie vor um die Ehepartner sorgen, weigern sich, sich von der Erde zu lösen. Derartige Eingriffe von Verstorbenen, die nicht loslassen können, sind sehr häufig. Eine Anhaftung durch eine erdgebundene Seele unterscheidet sich erheblich von den positiven und tröstenden Nachtodkontakten. Diese helfen uns in der Bewältigung unserer Trauer. Wir fühlen uns durch die Anwesenheit der Verstorbenen geliebt, und sie versuchen nicht, uns zu beeinflussen. Eine erdgebundene Seele hingegen ist traurig, ängstlich, aggressiv oder sogar rachsüchtig.

«Mein Bruder starb an den Folgen einer Krebsoperation mit nur 32 Jahren. Es war ein langes, qualvolles Sterben, weil er mich nicht loslassen konnte. Wir hatten eine ausgesprochen enge Seelenverbindung. Er versuchte schon während seines Lebens ständig, mich zu beeinflussen, und mischte sich sogar in meine Ehe ein. Nach seinem Tod fühlte ich seine Gegenwart, doch er wirkte schwermütig und traurig. Er versuchte auch nach seinem Tod, mich weiter zu beeinflussen: Er brach in meine Träume ein und machte mir Vorwürfe. Wochenlang fühlte ich mich von ihm bedrängt und kam kaum noch zur Ruhe. Eine Freundin riet mir, mit ihm über ein Medium in Kontakt zu treten. Der Kontakt kam schnell zustande. Wir klärten alles Unerledigte und baten ihn, loszulassen. Der schwere Druck auf meiner Seele war danach aufgelöst. Einige Wochen später bedankte er sich bei mir im Traum.»

Unerledigte Dinge jeder Art können zu einer Erdgebundenheit führen. Wenn ein Mensch in dem Gedanken stirbt, dass ihm schweres Unrecht widerfahren ist, kann das über den Tod hinaus zu Rachsucht und Hass führen. Die Seele versucht, den vermeintlichen Übeltäter zu verfolgen. Da es in der geistigen Welt keinen Raum und auch keine Zeit gibt, ist jedes irdische Zeitgefühl aufgehoben. Manche Seele irrt schon seit Jahrhunderten umher, weil sie von Wut und Hass getrieben wird und sich an bestimmten Orten festgesetzt hat. Das ist dann der Grund für einen sogenannten «ortsgebundenen Spuk». Dazu ein Beispiel:

«Mein Großvater verbrachte sein ganzes Leben auf seinem kleinen Bauerngehöft. Das Haus war sein ganzer Stolz und Lebensinhalt. Als er in den 60er Jahren von der Bank gezwungen wurde, sein Anwesen versteigern zu lassen, nahm er sich das

Leben. Meine Mutter erzählte mir, dass nach Großvaters Tod in einem Zeitraum von fünf Jahren das Haus in Verruf geriet, weil es dort nicht mit rechten Dingen zuging. Jeden Abend gegen 22.00 Uhr fing es im Haus an zu poltern, Gegenstände flogen durch die Luft, und merkwürdige Geräusche waren zu hören. Die neuen Besitzer waren regelrecht verzweifelt. Weil sie den sich wiederholenden Spuk nicht länger ertragen konnten, wandten sie sich an ein Medium. Die Frau fand schnell den Grund: Mein Großvater irrte als verlorene Seele im Haus umher, da er sein Anwesen nicht loslassen konnte. Durch seinen Suizid war er an den Ort gebunden. Das Medium kommunizierte mit ihm, erklärte ihm seine Situation und sandte ihn dann ins Licht.»

Der negative Einfluss von verlorenen Seelen kann auch in dem Versuch bestehen, die Lebenden zu sich ins Jenseits zu holen.


## Das Nach-sich-Ziehen durch Verstorbene

Ein junger Mann erzählte mir nach einem Seminar von einem intensiven Erlebnis mit seiner verstorbenen Mutter: «Ich hatte immer ein sehr enges Verhältnis zu meiner Mutter. Als sie an Krebs erkrankte, verstand ich die Welt nicht mehr. Ich war sehr verzweifelt und depressiv. Ich hoffte inständig, dass sie ihre Krankheit besiegen würde. Meine Mutter konnte nicht sterben, weil sie davon überzeugt war, dass ich sie noch brauchte; sie konnte nicht loslassen. Nach drei langen, qualvollen Jahren starb sie schließlich doch.

Vier Monate nach ihrem Tod erlebte ich einen erschreckenden Traum. Ich sah meine Mutter auf einer Art Intensivstation und war sehr erschrocken. Sie machte auf mich den Eindruck, als würde sie immer noch sehr leiden. Ich empfand eine tiefe Traurigkeit und sehnte mich danach, bei ihr zu sein. Gleichzeitig hatte ich das eigentümliche Gefühl, dass sie mich rief.

Über Monate hatte ich ähnliche Träume. Dadurch ging es mir

zunehmend schlechter: Ich wurde apathisch und immer depressiver. Ständig kam mir der Gedanke, nicht mehr leben zu wollen. Ich wollte nur noch zu meiner Mutter. Nichts interessierte mich mehr. Gelegentlich bemerkte ich selbst im Wachbewusstsein ihre Präsenz, als versuche sie, sich meiner Seele zu bemächtigen. Es war ein Gefühl von Schwere und Traurigkeit. Mein Wunsch, sterben zu wollen, verstärkte sich.

Auch ich konnte sie nicht loslassen. Es war, als wären wir durch ein unsichtbares Band weiter miteinander verbunden. Das Ganze eskalierte in einem Suizidversuch, durch den ich erkannte, dass ich noch eine Aufgabe zu erfüllen habe. Der Einfluss meiner Mutter auf mein Leben löste sich danach auf.»

Dieser sehr offene und subtile Bericht eines jungen Mannes beinhaltet das sogenannte Nach-sich-Ziehen eines Lebenden durch einen Verstorbenen. Der Verstorbene versucht dabei, den Angehörigen auf seine Ebene des Seins zu holen. Begegnungen und Kontakte mit Verstorbenen sind ein Tabuthema, und so stehen Betroffene mit ihren Erfahrungen alleine da. Wie das Beispiel zeigt, kann ein negativer Einfluss eines Verstorbenen sogar zu einem Suizidversuch führen. Eine erdgebundene Seele kann sich sehr stark an einen Lebenden binden. Diese Einflussmöglichkeit besteht aber nur dann, wenn ein Fehlverhalten schon zu Lebzeiten sehr ausgeprägt war.

So mancher Mensch möchte einen anderen besitzen und strebt eine symbiotische Beziehung unter dem Deckmantel der Liebe an. In Wirklichkeit hemmt er dadurch die Freiheit und Selbständigkeit des anderen. Der Betroffene kann sich in seiner Persönlichkeit nicht frei entfalten, da er von dem anderen abhängig ist. Solche Verhältnisse können in Ehen oder Beziehungen beobachtet werden oder zwischen Eltern und ihren erwachsenen Kindern. Letzteres kann sich beispielsweise in einer extremen Fürsorge äußern, wobei versucht wird, einen Heranwachsenden vor den Versuchungen oder Gefahren der Welt zu beschützen. Dabei wird verkannt, dass der andere der Möglichkeit beraubt wird, sein eigenes Leben zu leben und sein persönliches Schicksal zu erfüllen. Eine Beziehung in einer solch erstickenden Enge und Nähe verändert sich natürlich nicht automatisch durch den Tod eines Beteiligten.

Dem Verstorbenen wird es sehr schwerfallen, sich von den Bestrebungen, Leidenschaften und Sorgen seines Lebens zu befreien. Seine Seele versucht, über das Unbewusste den Kontakt aufrechtzuerhalten. Wenn eine Beziehung der einzige Lebensinhalt des Verstorbenen war, kann sie auch nach dem Tod nicht losgelassen werden. Der Verstorbene sehnt sich nach Wiedervereinigung.

In unserem Beispiel verdeutlicht sich der Mechanismus des Nach-sich-Ziehens. Das enge Verhältnis zwischen Mutter und Sohn führt zunächst zu seinem Albtraum, dass sie immer noch leidet – was sicherlich der Fall ist. Die Mutter hatte ihren Tod noch gar nicht angenommen und kann die enge Verbindung zu ihrem Sohn nicht verwandeln. Daher bleibt sie an ihn gebunden. Auch beim hinterlassenen Sohn ist eine Bereitschaft dafür vorhanden, da er die Mutter ebenfalls nicht loslassen kann. Die Voraussetzung für die Einflussnahme eines Verstorbenen auf einen Lebenden ist also gegenseitig bedingt. Im weiteren Verlauf bis hin zum Suizidversuch entwickeln sich jene Symptome, an denen wir erkennen können, wie ein Verstorbener auf ungute Weise auf das Leben eines Hinterbliebenen Einfluss nehmen kann mit der Absicht, ihn in die andere Welt zu holen.

Die typischen Symptome sind: Schwächung und Unwohlsein, Apathie oder Depressionen. Der Betroffene empfindet ein kaum fassbares, inneres Bedrücktsein, das er sich nicht erklären kann. Da die Einflussnahme über das unbewusste Seelische erfolgt, kann die Schwermut zu einer Hoffnungslosigkeit führen, wobei schließlich der Wunsch geäußert wird, nicht mehr leben zu wollen. Der Betroffene möchte wieder mit dem Verstorbenen vereint sein.

In der therapeutischen und psychologischen Betreuung

Trauernder wird häufig verkannt, dass der Einfluss eines Verstorbenen durchaus die Ursache einer schweren Störung oder einer Todessehnsucht sein kann. Dass ein Nach-sich-Ziehen möglich ist, lässt sich im Schrifttum aller Zeiten belegen. Insofern sollte ein guter Therapeut eine solche Möglichkeit immer in Erwägung ziehen. Beim Trauernden treten bedrückende und negative Träume auf, auch Visionen, in denen der Verstorbene signalisiert, wie schlecht es ihm geht. Das kann ebenso durch einen schmerzvollen Gesichtsausdruck erfolgen wie auch durch Worte oder Gebärden, mit denen der Hinterbliebene gerufen wird.

Durch die Anhaftung eines Verstorbenen an einen Hinterbliebenen bleibt nach dem Tod das Unausgelebte einer solchen Verbindung bestehen. Der Verstorbene bleibt somit erdgebunden. Erst wenn er sich freiwillig für seine Weiterentwicklung zu interessieren beginnt, lösen sich die damit verbundenen Phänomene auf. Wir können Verstorbene unterstützen, indem wir für sie beten, ihnen liebevolle Gedanken schicken und sie mit Licht füllen.

Eine Frau erzählte nach einem Vortrag: «Mein Bruder Robert war mit 45 Jahren elendig an Magenkrebs gestorben. Er wehrte sich mit allen Mitteln bis zum Schluss gegen seinen Tod. Noch in seiner Todesstunde war er voller Wut, Hass und Zorn. Er wollte nicht akzeptieren, dass er sterben muss. Unsere ganze Familie war über seine ständige Auflehnung sehr erschüttert.

Robert pflegte ein besonders enges Verhältnis zu meiner Schwester, die sehr labil war und am meisten unter der Erkrankung ihres Bruders litt. Nach seinem Tod wurde sie immer depressiver und sprach davon, dass sie das unbestimmte Gefühl habe, dass Robert sehr unglücklich sei. Sie spüre seine Gegenwart, doch war diese keineswegs positiv. Sie hatte das unbestimmte Gefühl, dass er ihr suggerieren will, zu ihm zu kommen. Danach sprach sie immer häufiger davon, dass sie nicht mehr leben will.

Die Energie des verstorbenen Bruders verstärkte sich in negativster Weise. Eines Tages erhielt sie die Eingebung, sich vor die U-Bahn zu werfen. Es sei wie ein innerer Zwang gewesen. Im letzten Moment – sie war schon bei den Bahngleisen – konnte sie ihr Sohn von einem Suizid abhalten. Meine Schwester wurde sehr wütend auf Robert und bat ihn inständig und eindringlich, sich ab sofort nicht mehr in ihr Leben einzumischen. Kurz darauf hörten alle Bekundungen von Robert schlagartig auf.»

Dieses Beispiel zeigt, dass wir sehr wohl die Möglichkeit haben, uns gegen den Einfluss eines Verstorbenen zu wehren. Kein geistiges Wesen vermag in den freien Willen eines Menschen einzugreifen. Angst, Unwissenheit und Blindheit den eigenen Möglichkeiten gegenüber führen dazu, dass wir uns seelisch ziehen lassen. In dem Moment, in dem wir einen derartigen Einfluss nicht mehr zulassen wollen, können wir die Einflussnahme seitens eines Verstorbenen durch unseren freien Willen beenden.

## Hilfe für erdgebundene Seelen

Die wirksamste Hilfe für eine Seele, die zwischen dieser und der anderen Welt feststeckt, ist immer das Gebet. Die katholische Kirche hat über Jahrtausende feste Rituale für die armen Seelen entwickelt. So ist der Allerseelentag am 2. November jeden Jahres der Tag, an dem in allen Kirchen der Welt an die Toten gedacht und besonders für die verlorenen Seelen gebetet wird.

Klöster aller religiösen Traditionen auf der ganzen Welt haben sich einzig der spirituellen Aufgabe gewidmet, den erdgebundenen Seelen durch Meditationen und Gebete zu helfen, damit diese ihren Weg ins Licht finden. Unbemerkt von einer großen Öffentlichkeit, gibt es zahlreiche Einzelpersonen, die still und regelmäßig einen ähnlichen Dienst verrichten. Ebenso arbeiten hellsichtige Medien mit Trancetechniken oder Ritualen für die Befreiung der verlorenen Seelen.

Wenn einer Ihrer angehörigen Verstorbenen erdgebunden ist, spüren Sie dies in Ihrem Inneren. Sie haben das Gefühl, dass etwas nicht stimmt. Traurigkeit, Schwermut oder Unwohlsein sind die Folge. Beziehen Sie die Emotionen nicht auf sich, sondern als Versuch des betroffenen Verstorbenen, Aufmerksamkeit und Hilfe zu bekommen.

Sehr viele Seelen bitten nach ihrem Tod die Angehörigen um Vergebung. Sie können sich nicht eher weiterentwickeln und bleiben so lange erdgebunden, bis ihnen verziehen wird. Was immer ein Verstorbener Ihnen auch angetan haben mag, vergeben Sie ihm! Das ist auch für Ihren eigenen Seelenfrieden außerordentlich wichtig. Bedenken Sie, dass Sie von Verstorbenen nichts Böses zu erwarten haben. Selbst wenn Ihnen eine Seele bösartig erscheint, brauchen Sie keine Angst zu haben. Eine erdgebundene Seele ist ein Wesen, welches Ihrer Hilfe bedarf.

Wenn Sie sich jedoch durch eine geistige Wesenheit eingeschränkt oder belästigt fühlen, fordern Sie diese in aller Deutlichkeit auf, Sie in Ruhe zu lassen. Keine einzige Seele hat die Macht, in den freien Willen einzugreifen. Die Bindung an eine lebende Person durch einen Verstorbenen kommt nur dann zustande, wenn beide nicht loslassen können.

Um einer erdgebundenen Seele zu helfen, können Sie das folgende Ritual durchführen.

### Ritual
Stimmen Sie sich durch ein Gebet Ihrer Wahl ein, und lassen Sie sich Zeit. Sie können eine Kerze entzünden und auch Weihrauch verwenden. Das reinigt die feinstoffliche Atmosphäre Ihrer Wohnung und kann der Seele zusätzlich helfen, sich zu befreien.

Stellen Sie nun in Gedanken den Kontakt zur anwesenden Seele her. Schaffen Sie dabei eine Atmosphäre des Friedens. Schützen Sie sich dadurch, dass Sie eine Gottheit Ihrer Wahl anrufen, beispielsweise mit den Worten: «Herr, ich bitte um Schutz und Stärkung.»

Dann visualisieren Sie die betroffene Person vor Ihrem inneren Auge und begleiten diesen Vorgang mit liebevollen Gedanken. Bitten Sie die angerufene Gottheit um Hilfe, zum Beispiel so:

«Herr, ich bitte dich um Hilfe für N. N.
Gebe ihr / ihm die ewige Freude,
und geleite ihre / seine Seele in dein Reich.»

Jetzt wenden Sie sich an den Verstorbenen. Falls noch unerledigte Dinge zwischen Ihnen und dem Verstorbenen stehen, sprechen Sie diese aus. Sie können nun alles sagen, was auch immer es sein mag. Vergeben Sie alle Fehler, die der Verstorbene während seines Lebens begangen hat. Unterstreichen Sie diesen Vorgang, indem Sie dem Verstorbenen Liebe und Licht senden. Dann sprechen Sie ihn direkt an. Das kann wie folgt geschehen:

«N. N., du bist gestorben.
Orientiere dich am Licht.
Ich vergebe dir alle deine Fehler
und lasse dich los.
Hilfreiche Wesen mögen sich deiner annehmen
und dich ins Licht geleiten.»

Schließen Sie das Ritual mit einem Vaterunser oder einem Gebet Ihrer Wahl ab. Haben Sie dabei Geduld. Wenn die Seele befreit wurde, werden Sie Frieden spüren.

# 8. Kapitel

# Praktische Hilfe für den Umgang mit Sterbenden, Tod und Trauer

## Die Kraft der Rituale

Es fehlt heute an einer gemeinsamen Haltung der Menschen dem Tod und dem Sterben gegenüber. Früher wurde ganz selbstverständlich ein Priester gerufen, um einen Sterbenden in die andere Welt hinüberzubegleiten. Das erfolgte aufgrund bestimmter Rituale, die den Angehörigen und dem Sterbenden einen Halt gaben. Bei der Krankensalbung, der sogenannten «Letzten Ölung», waren alle Beteiligten in ein fassbares, spirituelles oder religiöses Beistandssystem eingebunden. Zu allen Zeiten der menschlichen Geschichte wurden in sämtlichen Kulturen und Religionen Rituale entwickelt, um besonders an den Krisenpunkten des Lebens Zuversicht und Beistand zu bieten.

Jedes Ritual hat eine ordnungstiftende Wirkung und erfüllt die Funktion, durch eine bestimmte Vorgabe und einen geregelten Ablauf Verhaltenssicherheit zu vermitteln. Durch wiederholbare Handlungsabläufe wird auch in Schwellensituationen, wie dem Sterben eines Angehörigen, eine klare Hilfe geboten. Besonders beim Sterben werden alles Vertraute und Gewohnte radikal in Frage gestellt. Dadurch entstehen Unsicherheit, Angst und sogar Panik. Sterberituale können diese Ängste mildern und den Angehörigen oder Begleitenden Orientierungsmöglichkeiten bieten. Rituale ermöglichen einen kontrollierten Umgang mit den Gefühlen und schaffen durch sprachliche und bildliche

Symbole und Handlungen eine Verbindung zur eigenen Innenwelt, damit ein Verlust bearbeitet werden kann.

Jedes bewusst und aufrichtig vollzogene Ritual öffnet einen Kanal zur geistigen Welt. Weil das so ist, sind derartige Erfahrungen stärkend, heilsam und wohltuend. Alle großen religiösen Traditionen der Welt berichten von der beständigen Anwesenheit geistiger Wesen in unserem Leben. Diese helfen uns, wenn wir sie darum bitten. Es kann sich dabei um Engel, Geist- oder Lichtwesen oder Verstorbene handeln. Durch Rituale können wir besonders beim Sterben eines Menschen in hochwirksamer Weise geistige Kräfte als Beistand herbeirufen. Sie vermitteln uns den Zugang zu einem uns stets umgebenden Kraftfeld.

Heute ist der Umgang der meisten Menschen mit den Sterbenden von Rat- und Sprachlosigkeit geprägt. Durch die Verlagerung des Todes in Krankenhäuser, Pflegeheime oder Hospize sind die meisten Bezugspersonen der Sterbenden professionelle Helfer: Ärzte, Pflegepersonal oder ehrenamtliche Sterbebegleiter. Die Sterbeprozesse sind lang und undurchschaubar geworden, und niemand kann genau sagen, wann der eigentliche Tod eintreten wird.

Es ist heute durchaus keine Seltenheit, dass Menschen 50 Jahre und älter werden, bis sie zum ersten Mal direkt mit Sterben und Tod in Berührung kommen. Leider fehlt es im Ernstfall an gereiften Überzeugungen und Verhaltensweisen, die als Modell eines bewussten und hilfreichen Umgangs mit dem Sterben dienen könnten. Das liegt auch an unserer pluralistischen Gesellschaft, die durch eine Vielfalt von Weltanschauungen, Ideen oder Orientierungen keine Antworten auf die existenziellen Fragen des Menschen mehr weiß.

Wir suchen heute eher in östlichen Lehren, wie beispielsweise dem «Tibetischen Totenbuch», nach Antworten, als dass wir uns auf die eigene christliche Tradition berufen. Daher sind wir schnell überfordert, wenn wir in eine Sterbesituation hineinkatapultiert werden. Wir müssen dann feststellen, dass jeder von uns seinen eigenen Weg in einer persönlichen Abschiedssituation finden muss. Es fehlt an klaren Standpunkten, dem Leben wie dem Tod gegenüber, und an konkreten spirituellen oder religiösen Beistandssystemen.

## Die Kunst des Sterbens

Nach alten Zeugnissen veranlasste ein Sterbender, dass sich Freunde, Nachbarn und die Familie um sein Sterbebett versammelten. Die Menschen fühlten in ihrem Inneren, wann ihre Zeit gekommen war. Nichts galt unheilvoller, als den Tod zu verleugnen und unvorbereitet zu sterben. Die «Ars Moriendi», die mittelalterliche Kunst des Sterbens, lehrte, dem Sterbenden keine falsche Hoffnung auf Genesung zu machen. Er sollte vielmehr unterstützt werden, damit er seinen Tod annehmen kann, um sich aus seinen irdischen Bindungen zu lösen. Die Form des Abschieds im Kreis der Familie war ritualisiert.

Jeder Anwesende wusste, dass der Sterbende einen Lebensrückblick im Kreis seiner Angehörigen vornehmen wird: Wichtige Stationen und Ereignisse des Lebens wurden noch einmal benannt und die daraus resultierenden Erfahrungen und Erkenntnisse den Angehörigen mitgeteilt. Es handelte sich um das natürliche Bedürfnis, Bilanz zu ziehen. Das eigene Leben wurde gewürdigt und konnte dadurch abgeschlossen werden. Der Sterbende bat auch um Vergebung für das, was er anderen angetan hatte.

Die «Ars Moriendi» wies auch auf Gefahren hin, wie die Anhaftung ans Leben durch materiellen Besitz. Und, im Hinblick auf die Angehörigen, heißt es auf einem Spruchband: «Richte deine Aufmerksamkeit nicht länger auf deine Vertrauten, Gott wird sie in Obhut nehmen.»[61]

Diese ritualisierte Form des häuslichen Abschieds im Kreis

der Familie ist in der Gegenwart die Ausnahme geworden. Das Sterben findet zu 90 Prozent in den Institutionen statt.

Im Folgenden möchte ich Ihnen einige praktische Hinweise geben und bestimmte Rituale nennen, die helfen können, mit den Schwellensituationen angesichts von Sterben und Tod besser umzugehen.

## Grundsätze der Sterbebegleitung

– Das Wichtigste für einen Begleitenden ist, dass er einfach da ist und sich selbst als Person zurücknehmen kann. Dadurch werden die Bedürfnisse des Sterbenden besser wahrgenommen. Signalisieren Sie Gesprächsbereitschaft, aber auch, dass Sie bereit sind, zuzuhören. Seien Sie dabei offen für alle Themen und Fragen, die der Sterbende an Sie richtet. In einer Aussprache seien Sie ehrlich und authentisch. Wenn Sie dieses Gefühl vermitteln können, wird Ihnen der Sterbende alles mitteilen, was ihn in seinem tiefsten Inneren bewegt.

– Bevor Sie ein Sterbezimmer betreten, stimmen Sie sich innerlich ein, damit Ihr Mitgefühl geweckt wird. Eine Sterbebegleiterin sagte mir einmal in einem Seminar, dass sie sich jedes Mal vorstelle, der Betroffene könne ihr Vater, ihr Bruder oder ihre Mutter sein. So könne sie sich öffnen und das Leiden annehmen. Das ist ein gutes Beispiel für eine Konzentration, ein kleines Ritual der Einstimmung, um sich den Bedürfnissen des Sterbenden zu öffnen.

Bitten Sie innerlich um Kraft und Energie für einen friedlichen Übergang. Lassen Sie die sich einstellende geistige Energie fließen, und öffnen Sie Ihr Herz, damit Sie ohne Begrenzungen die Anwesenheit einer höheren Kraft im Raum zulassen können.

– Wichtig ist eine Atmosphäre des Friedens. Diese sollte besonders in einem Krankenhaus oder Pflegeheim hergestellt werden. Wenn der Sterbende es will, können Sie Musik spielen, die sein Herz anspricht. Wichtig ist, dass sich der Betroffene wohlfühlt, die Musik ihn inspiriert und ihm ermöglicht, in einen Zustand der Entspannung, Empfänglichkeit und Offenheit zu gelangen. Sie können durchaus ein Musikstück gemeinsam hören, um Seite an Seite mit der Musik eins zu werden.

– Kerzenlicht schafft eine harmonische Atmosphäre und kann zusammen mit gewünschter Musik selbst einen kahlen, kalten Raum in ein wohltuendes Energiefeld verwandeln. Auch Blumen oder Fotos von Freunden und Familienangehörigen können zu einer solchen Atmosphäre beitragen.

Es sei jedoch darauf hingewiesen, dass normale Kerzen überall in Krankenhäusern, wo sich Sauerstoffanschlüsse befinden (besonders auf Intensiv- oder Palliativstationen), nicht entzündet werden dürfen. Dort können Sie genauso gut eine Schwimmkerze im Wasser oder eine Salzkristall-Lampe benutzen.

Wenn der Sterbende es wünscht, können auch religiöse Symbole aufgestellt werden, wie ein Kreuz, eine Madonna oder eine Buddha-Figur.

– Fragen Sie den Sterbenden nach seiner Religion und ob er die Anwesenheit eines Priesters wünscht. Respektieren Sie in jedem Fall seine Wünsche!

Jedes Gebet, das an einem Sterbebett gesprochen wird, ist ein Lichtstrahl und eine Hilfe für den Übergang. Sie können daher immer auch vorschlagen, mit ihm gemeinsam zu beten. In der heutigen Zeit wird die Macht eines Gebetes absolut unterschätzt. Für die Anwesenheit des Heiligen im Sterbezimmer spielt die Religionszugehörigkeit keine Rolle.

– Jeder Mensch verfügt über ein inneres Wissen von seinem bevorstehenden Tod. Wenn ein Sterbender darüber spricht, sollten Sie genau hinhören und jegliche Beschönigung oder Verleugnung seines wahren Zustands unterlassen. Dadurch ermöglichen Sie ihm, alles auszusprechen, was noch zu sagen bleibt, und schaffen ein Vertrauensverhältnis. Solange beide Parteien, die Angehörigen wie auch der Sterbende, den herannahenden Tod nicht akzeptieren können, wird es für den Sterbenden sehr schwer sein, mit sich selbst ins Reine zu kommen.

- Fragen Sie den Sterbenden, ob es noch Dinge gibt, die geklärt werden sollen oder die er bereinigen will. In manchen Fällen werden Sie damit den segensreichen Prozess der Lebensbilanz und Bereinigung von Unerledigtem anstoßen.

- Als Begleiter sollten Sie die auftretenden Gefühle des Sterbenden zulassen können. Lassen Sie ihn sprechen und weinen. Die Bereinigung unausgesprochener Dinge und möglicherweise die Sehnsucht nach Aussöhnung sind mit Gefühlsschwankungen oder emotionalen und tränenreichen Ausbrüchen verbunden, aber immer heilsam.

- Bedenken Sie als Angehöriger, dass der Sterbende die große Leistung vollbringen muss, alles, was ihm im Leben etwas bedeutet hat, hinter sich zu lassen. Das ist traurig und mit Schmerzen verbunden. Bedenken Sie dabei auch, dass sich der Sterbende um die Zurückbleibenden sorgt. Vermeiden Sie daher von Ihrer Seite unnötige Bekundungen von Trauer oder Nicht-loslassen-Können. Das kann den Sterbeprozess hinauszögern, weil es ein Schuldgefühl erzeugt.
Als Angehöriger werden Sie weiterleben, der Sterbende aber muss sich endgültig verabschieden. Deswegen ist die wohl wichtigste Handlung, die Begleitende vollziehen müssen, dem Sterbenden zu sagen, dass er gehen darf. Dieser eine ausgesprochene Satz «Du darfst gehen» vermag, die Situation sterbender Menschen positiv zu verwandeln!

- Sollten Sie mit einem Sterbenden noch etwas bereinigen wollen, seien Sie so offen und ehrlich wie möglich. Wenn sich jemand in Todesnähe befindet, sollten Sie alles aussprechen, was für Sie persönlich wichtig ist. Das entlastet und hilft, loszulassen. Wenn Ihr Vater beispielsweise ein Tyrann war, können Sie diesen Umstand dadurch ausdrücken, dass Sie sagen: «Du hast mir das Leben nicht immer einfach gemacht.» Damit geben Sie ihm die vielleicht letzte Möglichkeit, sich mit Ihnen auszusprechen.

Selbst wenn sich der Sterbende im Koma befindet, sprechen Sie alles aus, was Ihnen auf dem Herzen liegt. Beziehen Sie einen komatösen Menschen immer in Ihre Gespräche mit ein, auch wenn weitere Personen anwesend sind, und gehen Sie davon aus, dass er aufgrund der Bewusstseinserweiterung alles mitbekommt, was um ihn herum geschieht.

- Bedenken Sie, dass der Sterbende den herannahenden Tod spürt. Sie können ihm Ihre Bereitschaft signalisieren, offen über Sterben und Tod zu sprechen. Manchmal kann es sehr hilfreich sein, aus Büchern über Sterbebegleitung vorzulesen oder eine entsprechende CD vorzuspielen. Wenn der Sterbende allerdings nicht bereit ist, über seinen Tod zu sprechen, können Sie das nicht erzwingen.

- In Todesnähe sollten alles Beschönigende und Äußere keinen Raum mehr haben. Ein sterbender Mensch interessiert sich weder für das schöne Wetter noch die Blumen im Zimmer und auch nicht mehr dafür, was die Nachbarin gesagt hat. Durch die Lockerung der Seele vom Körper hat er bereits Wahrnehmungen der anderen Welt.

- Sie haben nun die letzte Möglichkeit, Unerledigtes zu klären und offene Fragen auszusprechen. Konzentrieren Sie sich daher auf das eigentliche Geschehen auf dem Sterbebett, und hören Sie auf, die Dinge im Außen zu betrachten. Achten Sie darauf, nicht in unnötiges Tun oder in Hektik zu verfallen. Das Zurechtmachen des Bettes, den Sterbenden zum Essen oder Trinken zu nötigen oder ihn zu waschen, ist unangebracht! Die Ruhe und Stille, die sich nun einstellen, kündigen den bevorstehenden Tod an. Wenn Sie das akzeptieren können, werden Sie das anwesende Heilige spüren und die Loslösung der Seele vom Körper mitbekommen.

Nachdem wir nun die Grundsätze einer Sterbebegleitung kurz beschrieben haben, möchte ich Sie mit einigen hilfreichen Ritualen vertraut machen. Die christliche Tradition kennt das Sakrament der Letzten Ölung, welches heute als Krankensalbung bezeichnet wird. Durch die Verweltlichung der Lebensabläufe sind viele religiöse Rituale, die früher das Sterben begleitet haben, fast in Vergessenheit geraten. Ein Ritual dient dazu, dem, was uns widerfährt, einen Sinn zu verleihen: dem eigenen Tod wie auch dem Tod eines anderen.

Da sich viele Menschen von den Kirchen distanziert haben, herrscht diesbezüglich ein großes Vakuum. Dennoch zeigen die meisten Sterbenden in ihren letzten Tagen ausgesprochen spirituelle Bedürfnisse. Die Rolle eines Begleitenden besteht auch darin, dem anderen zu helfen, das Tor zum Jenseits zu öffnen. Dabei kann das Wissen um die alten christlichen Rituale sehr hilfreich sein.

## Die Bedeutung der Letzten Ölung

Der eigentliche Sinn einer Krankensalbung sind die Stärkung, Beruhigung und Ermutigung des Sterbenden. Wenn sich ein Gläubiger wegen Krankheit oder Altersschwäche dem Tod nähert, kann er einen Priester rufen. Jedes Sakrament gilt als besondere Gabe des Heiligen Geistes. Es soll gleichzeitig beim Kranken die Heilung seiner Seele bewirken, damit er die Angst vor dem Tod verliert. Dabei kann durch das Sprechen des Schuldbekenntnisses Vergebung erlangt werden. Die einfachste Formel dafür lautet:

«Der allmächtige Gott erbarme sich unser.
Er lasse uns die Sünden nach
und führe uns zum ewigen Leben.
Amen.»

Die letzte Salbung macht uns dem Tod und der Auferstehung Jesu Christi gleichförmig, wobei unser Blick am Ende des Lebens auf Gott gerichtet wird. Wir können uns dann voller Vertrauen in seine Hände begeben.

Die Letzte Ölung galt über Jahrtausende als Stärkung und war mit der Kommunion als letzte Wegzehrung verbunden. Die Grundlage dafür findet sich im Brief des Jakobus:

«Ist jemand unter euch krank, der rufe zu sich die Ältesten der Gemeinde, dass sie über ihm beten und ihn salben mit Öl im Namen des Herrn. Und das Gebet des Glaubens wird dem Kranken helfen, und der Herr wird ihn aufrichten, und wenn er Sünden getan hat, wird ihm vergeben werden.» (Jakobus 5,14 f.)

Diese Aufforderung des Jakobus richtet sich nicht nur an die Priester, sondern an alle Menschen. Jeder von uns ist imstande,

– für einen Kranken oder Sterbenden zu beten,
– Vergebung zu leisten,
– die Hände aufzulegen,
– einen Todkranken mit Öl zu salben.

Das Öl ist dabei ein besonderer Symbolträger mit vielfältiger Bedeutung und gilt von alters her als Träger besonderer Kräfte. «Besonders das aus Oliven gewonnene Öl war ein Sinnbild der Kraft, da der Olivenbaum selbst auf dürrem Grund Frucht zu tragen vermag. Als Essenz durch einen Pressvorgang und das Aufbrechen der äußeren Schale gewonnen, war es gleichzeitig ein Bild für das durch einen spirituellen Prozess gewonnene Wesen, das ja ebenfalls unter dem sichtbar Erscheinenden entdeckt werden muss. Da das Öl in Lampen brannte, war es außerdem ein Lichtsymbol. Im Hebräischen wird der Begriff für Öl gleich geschrieben wie das Wort für die Zahl Acht. Der Gesalbte (der Messias beziehungsweise Christus) ist dort derjenige, der im Glanz des achten Tages erscheint, also das Leben in Raum und Zeit der Siebentageschöpfung überwunden hat.»[62]

Sterbende wurden zu allen Zeiten mit Öl gesalbt, um sie vor dem Angriff «böser Mächte» zu schützen, deren vielfältige Versuchungen uns auf dem Sterbelager einholen können (Verzweiflung, Todesangst, Grübeln, Bindung an Materielles). Die Ölung soll uns auch auf der jenseitigen Reise vor diesen Einwirkungen schützen.

Im Laufe der Kirchengeschichte wurden verschiedene Partien des Körpers gesalbt: Schmerzstellen, Sinnesorgane, Brust, Füße und Chakren. Heute sind es nur noch die Stirn und die Innenseite der Hände. Der «Versehgang» umfasst als Ritual im Angesicht des Todes eine persönliche Beichte oder das Schuldbekenntnis, das Glaubensbekenntnis, die Salbung mit Öl und die Kommunion als Stärkung.

Das offizielle katholische Ritual sieht Lesungen aus der Bibel vor und umfasst Psalmen und Gebete, die den Sterbenden in die Ewigkeit begleiten sollen. Diese Texte gehen von einem Leben nach dem Tod aus und unterstützen die Seele auf ihrem Weg in die Ewigkeit.


## Die Sterbegebete

Die folgenden kurzen Gebete können dazu dienen, den Abschied eines Angehörigen mit segensreichen Wünschen zu begleiten. Unabhängig von der jeweiligen Religionszugehörigkeit, können sie in jeder Situation benutzt werden. Jedes Gebet ist ein Lichtstrahl und verbindet uns mit der göttlichen Kraft. Sie können sich dabei natürlich auch an Ihren ganz persönlichen Vorstellungen oder den jeweiligen Gebetsbüchern orientieren. Die beiden wichtigsten Grundgebete, die überall passen, sind das «Vaterunser» und «Gegrüßet seist du, Maria». Beten Sie:

«Im Namen des Vaters und des Sohnes und des Heiligen
    Geistes.
Amen.»

### Das Gebet des Herrn

«Vater unser im Himmel,
geheiligt werde dein Name.
Dein Reich komme.
Dein Wille geschehe, wie im Himmel so auf Erden.
Unser tägliches Brot gib uns heute.
Und vergib uns unsere Schuld,
wie auch wir vergeben unsern Schuldigern.
Und führe uns nicht in Versuchung,
sondern erlöse uns von dem Bösen.
Denn dein ist das Reich und die Kraft und
die Herrlichkeit in Ewigkeit.
Amen.»

Maria gilt in der katholischen Kirche als die große Schutzpatronin aller Sterbenden. Beten Sie:

### Ave Maria

«Gegrüßet seist du, Maria, voll der Gnade, der Herr ist mit dir. Du bist gebenedeit unter den Frauen, und gebenedeit ist die Frucht deines Leibes, Jesus.
Heilige Maria, Mutter Gottes, bitte für uns Sünder jetzt und in der Stunde unseres Todes.
Amen.»

Wenn der Tod unmittelbar bevorsteht, kann einer der Anwesenden das folgende Gebet sprechen:

«Mache dich auf den Weg,
Bruder / Schwester in Christus,
im Namen Gottes, des allmächtigen Vaters,
der dich erschaffen hat;
im Namen Jesu Christi,
des Sohnes des lebendigen Gottes,

der für dich gelitten hat;
im Namen des Heiligen Geistes,
der über dich ausgegossen worden ist.
Heute noch sei dir im Frieden deine Stätte bereitet,
deine Wohnung bei Gott im heiligen Zion,
mit der seligen Jungfrau und Gottesmutter Maria,
mit dem heiligen Josef
und mit allen Engeln und Heiligen Gottes.»[63]

Eine etwas neutralere Formel ist folgender Textvorschlag von mir:

«Gott begleite dich
auf deinem Weg in die ewige Heimat.
Das Licht schenke dir
Liebe und Frieden.
Amen.»

*Nach* dem Tod beten Sie:

«Kommt herzu, ihr Heiligen Gottes, eilt ihm / ihr entgegen, ihr
   Engel des Herrn.
Nehmt auf seine / ihre Seele und führt sie hin vor das Antlitz
   des Allerhöchsten.
Christus nehme dich auf, der dich berufen hat, und in das
   Himmelreich sollen Engel dich geleiten.
Nehmt auf seine / ihre Seele und führt sie hin vor das Antlitz
   des Allerhöchsten.
Herr, gib ihm / ihr die ewige Ruhe, und das ewige Licht leuchte
   ihm / ihr.
Nehmt auf seine / ihre Seele und führt sie hin vor das Antlitz
   des Allerhöchsten.»[64]

Alternativ können Sie auch mein Gebet sprechen:

«Lasse los von allem Irdischen
und erwarte die ewige Freude.
Deine Seele ist nun befreit
von den Fesseln des Körpers.
Geh' ein in das Licht der Liebe.
Amen.»

Nachdem der Ursprung der Letzten Ölung beschrieben wurde und einige Grundgebete vorgeschlagen wurden, möchte ich nun ein Ritual aufzeigen, das ohne jeden großen Aufwand beim Sterben eines Menschen durchgeführt werden kann.

## Das Ritual des Abschieds

Dieses Ritual kann als Inspiration angesehen werden. Wenn wir jemanden während seiner letzten Augenblicke begleiten, helfen wir dem Sterbenden dabei, seine Ruhe zu finden. Das Ritual umfasst sieben Stufen.

### Erste Stufe: Mitgefühl

In der ersten Phase sollte der Begleitende sein Herz und seinen Geist öffnen, damit er in der Lage ist, den Ängsten des Sterbenden ohne eigene Furcht zu begegnen, und er ihm voll Mitgefühl zuhören kann. Der Begleitende stimmt sich im Augenblick des Todes auf die Anwesenheit des Heiligen oder Göttlichen ein. Wenn er für die Gegenwart des Unbekannten offen ist und keine Angst davor hat, sein kleines Ich hinter sich zu lassen, kann er einen Bezug zum höheren Selbst herstellen. Das ist der liebevolle, göttliche Funken in uns. Wenn diese Verbindung zustande kommt, wird der Begleitende das Wirken höherer Energien im Sterbezimmer bemerken. Er kann sich damit zum Segen des

Sterbenden verbinden. Diese Einheit von Begleiter und Betroffenem führt zu Ruhe, Stille und Frieden. Der Sterbende kann sich fallen lassen. Dieser subtile Vorgang wird durch die bedingungslose Öffnung von Herz und Geist als praktiziertes Mitgefühl verstanden.

### Zweite Stufe: Anrufung

Nachdem wir uns auf die seelisch-geistigen Vorgänge bewusst eingestimmt haben, bitten wir um Schutz und die Präsenz des Heiligen. Wir können dabei Gott anrufen, um die Gegenwart Christi, der Jungfrau Maria oder auch jeder anderen Gottheit bitten. Dabei sollte darauf geachtet werden, dass die Energieform benannt wird, die dem Betroffenen vertraut und wichtig ist. Der Begleiter bittet stellvertretend für den Sterbenden um Unterstützung. Wir überantworten die Seele in Gottes Hände. Dabei kann es sehr hilfreich sein, eine bestimmte Gottheit zu visualisieren: Stellen Sie sich ein entsprechendes Bild vor, und holen Sie es vor Ihr inneres Auge. Visualisieren Sie dann die Gottheit über dem Kopf des Sterbenden. Jede herbeigerufene Präsenz sollte Liebe und Frieden symbolisieren.

Die Bitte um geistigen Beistand ist unabhängig von der jeweiligen Religionszugehörigkeit: Wir werden zu dem, was wir lieben, und wir werden zu dem, was wir anrufen! Dadurch erhöht sich die Energie im Raum und hüllt den Sterbenden liebevoll ein. Wenn wir das erreichen, lösen sich alle Ängste beim Begleiter und beim Sterbenden auf. Wir sind in der Gegenwart des Heiligen und erzeugen Gelassenheit und Frieden, die sich auf den Sterbenden übertragen.

### Dritte Stufe: Die Salbung mit Öl

Der Sterbende wird mit einem zuvor gesegneten Öl benetzt, das den Geist, das Licht und die Lockerung der Seele vom Körper symbolisiert. Alle vitalen Zentren des Körpers können im Zeichen des Kreuzes gesalbt werden, damit sie sich für die Gegenwart des Göttlichen öffnen: Stirn, Ohren, Hals, Herz, Bauch, Knie und Füße. Das Kreuz wird hier als Ausdruck der Öffnung des Menschen in allen seinen Dimensionen verwendet: Höhe, Breite, Tiefe. Die gesalbten Stellen des Körpers öffnen sich, und die Seele des Sterbenden kann sich dem anwesenden Göttlichen anvertrauen.

Jede Ölung sollte von Worten begleitet sein, wie beispielsweise: «Durch diese Salbung helfe dir Gott in seinem Erbarmen. Mögest du Stärkung und Linderung erfahren. Gott ist die Kraft der Liebe, die alles versteht und alles vergibt.»

Damit bringt der Begleitende zum Ausdruck, dass der Körper ein Tempel des Geistes ist, der nun in seine Heimat zurückkehrt. Die Berührung des Sterbenden durch die Salbung steht für Liebe und Respekt. Dadurch wird der Sterbende auch physisch entspannt und kann sich dem Begleitenden anvertrauen.

### Vierte Stufe: Zuhören

Wir können nun den Sterbenden einladen, sich alles von der Seele zu reden. Durch die Einstimmung in das Mitgefühl können wir nun offen zuhören. Die vorangegangene Öffnung von Herz und Geist ist deswegen so wichtig, weil unser kleines Ich mit seinen Ängsten, Vorurteilen und seiner Religion befrachtet ist. Das verhindert oft, die Vorgänge im Sterbezimmer wahrzunehmen.

Kurz vor dem Tod sollten wir dem Sterbenden die Möglichkeit geben, sich in seinem ganzen Sein zu offenbaren, vergleichbar einer Beichte. Als Zuhörer kann dieser Vorgang sehr belastend sein, da die Wahrheit eines Lebens in seiner Summe keineswegs nur positiv und schön ist. Daher ist es so wichtig, nicht zu urteilen. Diese Phase ist sehr bedeutsam für den Sterbenden, damit er mit sich ins Reine kommt. Das Anvertrauen aller Nöte und Ängste erfordert eine echte Antwort. Der Begleitende sollte etwas Beruhigendes sagen, entweder das Gesagte bestätigen oder Vergebung aussprechen.

Ein befreiendes Wort könnte sein: «Wenn dein Herz dich auch

verdammt, Gott ist größer als dein Herz.» Durch einen solchen Ausspruch legt man den Sterbenden nicht auf das Bewusstsein fest, das er selbst von sich hat. Hilfreich können auch vorher ausgesuchte Dichterworte sein, heilige Texte oder Musik. Vertrauen Sie im Angesicht des Todes Ihren intuitiven Eingebungen!

### Fünfte Stufe: Vergebung

Als Menschen können wir Trost durch Worte der Vergebung spenden. Hinter dem großen Jesus-Wort: «Liebet einander, so, wie ich euch geliebt habe», steht die Aufforderung, verzeihen zu können. Insofern hat nicht nur ein Priester, sondern jeder Mensch das Recht zu sagen: «Gehe hin in Frieden», «Im Namen Gottes vergebe ich dir», oder: «Im Namen des Lebens vergebe ich dir.» Wir sind alle Teile eines großen Ganzen. Von der Geburt bis zu unserem Tod brauchen wir Umarmung, Linderung, Fürsorge und Trost. Das ist genau das, was wir einem Sterbenden geben sollten. Jedes Wort, das am Sterbebett mit einer Geste der Liebe unterstrichen wird, hilft dem Sterbenden, sich dem Unbekannten zu öffnen.

### Sechste Stufe: Kommunion

Das Teilen von Brot und Wein ist in der katholischen Kirche das höchste Mysterium des Glaubens, da durch die Wandlung in der Eucharistie Gott leibhaftig gegenwärtig wird. Auch wenn wir keine Priester sind, brauchen wir auf dieses Ritual nicht zu verzichten. Der Sterbende vereinigt sich mit dem, was für ihn das Transzendente verkörpert. Daraus schöpft seine Seele Kraft.

Ein einfaches Glas Wein reicht schon aus, um eine symbolische Verbindung zu Gott herzustellen. Wir können es dem Sterbenden anbieten. Da aber Sterbende oft nichts mehr zu sich nehmen, können wir auch einen Tropfen Wein auf die Lippen oder die Zunge des Betroffenen geben. Dabei können wir ihn einladen, sich auf seinen Ursprung, auf Gott, zu konzentrieren.

Eine solche Kommunion als Symbol der Vereinigung mit der

Gottheit kann jede andere Form des Teilens einbeziehen. Durch das Band der Liebe sind wir mit der über uns hinausgehenden Dimension verbunden. Ein solcher Augenblick der Gemeinsamkeit kann das Teilen einer Zigarette genauso beinhalten wie ein Glas Wasser oder eine Tasse Kaffee. Die Geste des Teilens wird diesen Moment angesichts des bevorstehenden Todes in einen unvergesslichen, heiligen Augenblick verwandeln.

### Siebte Stufe: Versenkung (Kontemplation)

Im Sterben erlangt der Mensch einen Moment der allerhöchsten Intensität. Deswegen wird der Tod als Höhepunkt des Lebens gesehen: Wir erfahren uns als das Produkt unseres gelebten Lebens. Der Begleitende sollte dafür Sorge tragen, dass der Sterbende diesen Moment möglichst bewusst erlebt. Sterbender und Begleiter befinden sich nun in der Gegenwart aller Geheimnisse: Das Tor zum Jenseits ist geöffnet, und wir müssen nur noch sagen: «Gehe in Frieden in die andere Welt. Du darfst gehen.»

Wer bis zu diesem Augenblick einen Sterbenden begleitet, macht nun selbst eine tiefe mystische Erfahrung, die als Versenkung oder Kontemplation bezeichnet wird. Wir haben das Gefühl, als würden wir selbst einen Fuß in die andere Welt setzen. Dabei kann sakrale Musik eingesetzt werden, die den Sterbenden in seine Innenwelt führt und sein Herz öffnet. Nun kann er sich fallen lassen und sich den anwesenden Energien des Göttlichen anvertrauen. Das ist wahre Vollendung!

Wie Sie merken, ist die Sterbebegleitung an sich ein Ritual, das jeder einüben und praktizieren kann. Es finden sich darin alle Elemente des Abschieds. Alle Religionen der Welt verweisen auf die Anwesenheit der inneren Führer oder Schutzengel, die für uns da sind. Dabei können wir natürlich auch verstorbene Verwandte um Hilfe bitten. Durch die Lockerung der Seele vom Körper im Sterbeprozess erlebt der Sterbende eine Bewusstseinserweiterung, die es ihm ermöglicht, alle anwesenden Geistwesen zu sehen. Er fühlt sich dadurch geliebt, angenommen und aufgehoben. Wenn wir als Begleiter diesen Annäherungsprozess an die jenseitige Welt bewusst unterstützen, werden wir buchstäblich zu einem Fährmann.


## Was Sie im Todesfall beachten sollten

- Wenn jemand zu Hause stirbt, ist sofort ein Arzt zu benachrichtigen. Dieser stellt die Todesbescheinigung und den Leichenschein aus. In einem Krankenhaus werden die Unterlagen dem zuständigen Standesamt direkt zugestellt.
- Ein Sterbefall muss unter Vorlage der Todesbescheinigung spätestens am folgenden Werktag dem zuständigen Standesamt mitgeteilt werden. Dazu benötigen Sie folgende Unterlagen:
  - Ihren Personalausweis oder Reisepass,
  - das Familienstammbuch, die Geburtsurkunde und den Personalausweis des Toten,
  - die Heiratsurkunde und, bei Verwitweten, die Sterbeurkunde des Erstverstorbenen.
- Benachrichtigen Sie ein Bestattungsinstitut Ihrer Wahl, welches im Normalfall alle üblichen Behördengänge übernimmt. Dabei ist zu entscheiden, ob eine Erd- oder Feuerbestattung durchgeführt werden soll beziehungsweise vom Verstorbenen gewünscht wurde.
- Der Zeitpunkt und der Ort der Beerdigung müssen festgelegt und die Trauerfeier geplant werden.
- Stellen Sie eine Liste aller zu benachrichtigenden Verwandten, Freunde, Arbeitgeber und Kollegen auf. Informieren Sie diesen Personenkreis telefonisch oder schriftlich. Das zuständige Pfarramt sollte ebenfalls umgehend informiert werden.
- Verfassen Sie ein Muster für eine Todesanzeige und einen Nachruf.

- Sorgen Sie für eine geeignete Kinderbetreuung, damit Sie ungestört alle diese Dinge erledigen können.
- Informieren Sie den Anwalt und Testamentsvollstrecker des Verstorbenen.
- Prüfen Sie, welche An- und Ummeldungen bei Banken, Versicherungen, Renten oder Pensionen vorgenommen werden müssen. Alle diese Dinge sind aber erst nach Erhalt der Sterbeurkunde möglich. Diese stellt das Standesamt aus.
- Stellen Sie fest, ob Zahlungsverpflichtungen oder Ratenzahlungen bestehen. Informieren Sie die Gläubiger, und bitten Sie um Aufschub der fälligen Zahlungen. Kündigen Sie Versicherungen, Abonnements und Mitgliedschaften in Vereinen.
- Falls ein Verstorbener alleine gelebt hat, benachrichtigen Sie den Vermieter und die Post. Dann muss die Wohnung gekündigt und das Telefon abgemeldet werden.
- Denken Sie daran, Trauerbriefe, Danksagungen sowie Kränze und Blumen für die Trauerfeier zu bestellen.
- Falls Sie ein Totenmahl nach der Beerdigung wünschen, sollten Sie eine entsprechende Örtlichkeit reservieren.

## Abschied

Jeder von uns sollte die Möglichkeit haben, in Ruhe von einem Verstorbenen Abschied zu nehmen und auch die Beerdigung nach eigenen Bedürfnissen zu gestalten. Der Trauerprozess wird unendlich beschwert, wenn Angehörigen der Abschied verwehrt wird. Folgende Punkte können Ihnen helfen:
- Wenn Sie einen Verstorbenen noch einmal sehen möchten, lassen Sie sich nicht durch andere davon abbringen. Aussagen wie: «Behalten Sie den Toten so in Erinnerung, wie er war», oder: «Tun Sie sich das nicht an», werden Ihren Bedürfnissen nicht gerecht.
Besonders bei einem plötzlichen Tod durch Unfall oder Suizid

ist es für Angehörige wichtig, sich persönlich vom Tod des Betroffenen zu überzeugen und Abschied zu nehmen. Richtig ist das, was Sie als Trauernder wünschen! Abschiednehmen hilft, den Tod des Angehörigen *begreifen* zu können. Vielen wird erst in dem Moment, in dem sie den Verstorbenen sehen und anfassen können, bewusst, dass der geliebte Mensch nicht mehr lebt.

– Früher wurden Tote zu Hause aufgebahrt, und jeder hatte die Möglichkeit, sich zu verabschieden. Heute müssen Trauernde oft darum kämpfen. Nur bei polizeilichen Ermittlungen ist ein letztes Sehen nicht möglich. Es soll darauf aufmerksam gemacht werden, dass es nur wenige rechtliche Bestimmungen gibt, die ein Recht des Abschiednehmens verwehren. In den meisten Fällen scheitert der Wunsch, den Toten noch einmal sehen zu wollen, an der Unsicherheit und Angst der Betroffenen oder am Unverständnis und der Bequemlichkeit anderer.

Grundsätzlich können Angehörige darüber bestimmen, wo der Tote bis zu seiner Beerdigung bleiben soll. Wenn Sie das wünschen, können Sie einen verstorbenen Angehörigen aus dem Krankenhaus für mindestens 48 Stunden nach Hause bringen lassen. Hören Sie auf das, was Ihr Herz sagt. Sie müssen nicht auf einen intimen Abschied verzichten.

– Jeder Friedhof hat einen Raum, in dem Angehörige in Ruhe Abschied nehmen können und wo sie mit dem Toten alleine sind. Wenn jemand durch einen Unfall arg verstümmelt ist, können Sie darum bitten, den Toten abzudecken. In einem solchen Fall reicht eine Hand, die unter dem Tuch herausragt, aus, um durch eine Berührung Abschied zu nehmen.

Im Krankenhaus können Sie darauf bestehen, dass Sie ausreichend Zeit haben, Abschied zu nehmen. Lassen Sie es nicht zu, dass der Verstorbene sofort ins Kühlhaus gebracht wird. Falls ein Abschied im Sterbezimmer nicht möglich sein sollte, bestehen Sie auf einen separaten Raum. Die meisten

Krankenhäuser verfügen heute über entsprechende Einrichtungen.

– Bei der Beerdigung sollten Ihre persönlichen Wünsche respektiert und alles so ausgerichtet werden, wie Sie es wünschen. Die Rituale sollen eine Hilfe für die Lebenden sein, damit diese sich in Würde verabschieden können. Deswegen überlegen Sie in Ruhe, wie Sie den Ablauf der Beerdigung gestalten möchten. Das kann in Anwesenheit eines Priesters erfolgen, der ein traditionelles Ritual vollzieht und entsprechende Gebete spricht. Gebete sollten niemals fehlen, denn sie geleiten den Verstorbenen in die andere Welt! Den Rahmen einer Zeremonie können Sie aber auch selbst festlegen. Hier ein paar Vorschläge dazu:

– Stellen Sie ein Foto des Verstorbenen auf, und wählen Sie seine Lieblingsmusik.

– Alternative Bestattungsinstitute bieten die Möglichkeit, Särge bunt zu bemalen und zu dekorieren.

– Jeder Raum sollte so gestaltet werden, wie Sie das wünschen.

– Stellen Sie eine feierliche Atmosphäre her. Legen Sie eine Zeit der Stille ein. Sie können Kerzen oder Teelichter am Sarg entzünden lassen.

– Bitten Sie Angehörige oder Freunde, persönliche Worte zu sprechen, beauftragen Sie einen Trauerredner.

Entwickeln Sie individuelle Rituale, die Ihnen Kraft geben. Hierzu einige Vorschläge:

– Ein besonderes Ritual des Abschieds besteht im Waschen und Einkleiden des Verstorbenen.

– Sargbeigaben (Fotos, Briefe, Stofftiere).

– Lassen Sie am Grab Luftballons steigen, oder verbrennen Sie einen Abschiedsbrief. Damit bringen Sie zum Ausdruck, dass Sie loslassen.

– Gedenken Sie des Verstorbenen durch das Anzünden einer Kerze am Todestag oder anderen wichtigen Tagen. Sie können auch sein Lieblingsessen kochen oder alles tun, was an ihn erinnert.

- Gestalten Sie einen individuellen Grabstein.
- Die Verarbeitung des Todes eines Menschen kann durch das Anlegen eines Trauertagebuchs unterstützt werden. Gestalten Sie zu Hause eine Gedenkecke mit Fotos und persönlichen Dingen des Toten.
- Nach dem Tod eines Angehörigen fühlen sich viele Menschen aus der Bahn geworfen. Das Leben muss völlig neu organisiert werden. Darum ist es sehr wichtig, dass Sie sich Strukturen schaffen, die Ihnen in der ersten Zeit einen Halt geben (zum Beispiel feste Tagesabläufe).

## Wie Sie mit der Trauer besser umgehen können

Das erste Jahr nach dem Verlust eines Menschen ist immer das schwerste. Durch den Tod eines geliebten Angehörigen kommt die Zeit des langen Abschieds und der schmerzvollen Sehnsucht nach einem Menschen, den wir nie wieder berühren können. Die schweren Phasen von abgrundtiefer Verzweiflung und die tiefen Fragen, die aus dem Inneren nach oben steigen, führen zu einer Entfremdung von der Umwelt. Das bisherige Leben wird den Betroffenen fremd. Wo wir gehen und stehen, sind wir durch Gedanken, Erinnerungen oder Sehnsüchte mit dem Menschen, der gestorben ist, konfrontiert. Wir fühlen uns oft hoffnungslos und verzweifelt, und doch wird daraus irgendwann wieder Zuversicht. Der Weg, einen Sinn zu finden, ist einsam, hart und steinig. Der Schmerz und die Sehnsucht nach dem geliebten Menschen müssen von jedem selbst durchschritten werden.

Die eigentliche Leistung im Trauerprozess besteht darin, zu einer Akzeptanz des Todes zu gelangen – so, wie im Sterben das «Ja» zum herannahenden Tod erfolgen muss, um die Vollendung zu erreichen. Wenn wir durch die Trauer hindurchgehen, wird der Verstorbene ein Teil der eigenen Innenwelt. Eine reine, absolute Empfindung bleibt übrig, und alle Fehler sind verziehen.

Durch ein tiefempfundenes Gefühl des Einverständnisses, das losgelöst ist von jeder menschlichen Bedingung, zeigt sich etwas Großes und Wunderbares. Aus dieser inneren Erfahrung heraus kann der Weg in ein neues Leben gefunden werden. Wie ein Diamant sind wir vom Leben geschliffen worden, bis nur die reine Empfindung übrig bleibt, die nicht mehr Schmerz, sondern bedingungslose Liebe ist. Wir können nun wahrhaftig loslassen, da der Verstorbene ein Teil von uns geworden ist. Im Folgenden möchte ich ein paar hilfreiche Hinweise geben, wie Sie mit der Trauer um einen geliebten Menschen besser umgehen können:

– Wichtig ist es immer, sich mitzuteilen. Nutzen Sie daher jede Möglichkeit, die sich bietet, über Ihren Verlust zu sprechen. Erzählen Sie genau, was passiert ist. Achten Sie darauf, ob in Ihrer Umgebung Angebote kommen, mit Ihnen zu sprechen. Nehmen Sie diese an. Lassen Sie die Unterstützung durch Freunde zu.

– Versuchen Sie jede Form von Abdämpfung durch Psychopharmaka oder Alkohol zu vermeiden, damit Sie den Schmerz eines Verlustes annehmen können. Leider verabreichen heute viele Ärzte allzu schnell Medikamente, um den Schmerz zu betäuben. Aber er wird dadurch nur verdrängt und holt Sie bei der nächsten Gelegenheit wieder ein.

– Bleiben Sie unbeirrbar in Ihrer Liebe zu dem Toten, und sprechen Sie mit ihm. Liebe hört niemals auf, nur die Form der Beziehung muss sich wandeln!

– Ausgangspunkt für jeden Trauerprozess ist, den Tod des Betroffenen zu akzeptieren. Erst dann kann der eigentliche Prozess einsetzen. Solange wir im Was-wäre-wenn-Denken verhaften, ist Wut, Hass, Zorn, Verbitterung oder Verhärtung die unmittelbare seelische Folge. Dadurch bleiben wir in unserem Schmerz stecken.

- Wenn Sie voll Wut und Zorn auf einen Verstorbenen sind, weil er Sie plötzlich für immer verlassen hat, denken Sie darüber nach, wie sehr Sie ihn geliebt haben, was er ihnen wirklich bedeutet oder Ihnen im Leben an Schönem gegeben hat. Dadurch werden Sie ruhiger und friedlicher. Sie können natürlich zu jeder Zeit eine Zwiesprache mit dem Verstorbenen führen und ihm alles sagen, was Ihnen auf dem Herzen liegt. Durch unsere Gedanken sind wir stets mit den Verstorbenen verbunden.

- Versuchen Sie zu vergeben und zu verzeihen, selbst wenn Sie sich zum Beispiel durch einen Suizid tief verletzt und gekränkt fühlen. Alles Unerledigte und Unausgesprochene blockieren nur Ihren natürlichen Lebensfluss. Seien Sie offen und ehrlich in dem, was Sie tun oder sagen. Gestehen Sie sich ein, ob Sie etwas und was Sie versäumt haben. Schreiben Sie einen Brief an den Verstorbenen, und entlasten Sie sich. Wenn Sie das Gefühl haben, etwas unterlassen zu haben, bitten Sie um Verzeihung. Alles ist hilfreich, was wir uns durch Aufschreiben und Aussprechen bewusst machen.

- Wenn Sie nicht weiterwissen, bitten Sie liebe Freunde oder Verwandte um Unterstützung. Es ist immer besser, seinen Kummer mit anderen zu teilen. Lassen Sie sich dabei aber von niemandem Vorschriften machen, da jeder Trauerprozess individuell ist. Es gibt keine genau begrenzte Zeit, nach der Sie wieder «funktionieren» müssen.
Wenn andere Sie schneiden oder Ihnen aus dem Weg gehen, sprechen Sie diese Menschen einfach an. Oft sind es Hilflosigkeit und Unwissenheit, was man sagen soll, die zu einem solchen Verhalten führen.

- Für manchen mag es hilfreich sein, eine Trauergruppe mit Gleichgesinnten aufzusuchen. Beim Verlust eines Kindes sind die Selbsthilfegruppen der «verwaisten Eltern» sehr hilfreich. Sie finden entsprechende Telefonnummern am Ende dieses Buches oder in Ihrem örtlichen Telefonbuch.

- Achten Sie auf alle Zeichen, die Ihnen Verstorbene als Trost und Hoffnung vermitteln wollen. Wenn Sie gläubig sind, nutzen Sie alle Möglichkeiten Ihrer Religion, um sich das Herz zu erleichtern. Bitten Sie auch hier um Unterstützung, auch durch das Gebet.
- Sehr vielen Trauernden hilft es, sich mit Literatur über das Leben nach dem Tod zu beschäftigen. Das Wissen um das Fortleben nach dem Tod ist außerordentlich hilfreich. Vielleicht entdecken Sie in den Erkenntnissen der Sterbeforschung sogar Hinweise darauf, dass Sie bereits Zeichen eines Verstorbenen bekommen, Sie diese aber nicht als solche erkannt haben. Das spendet Mut und Hoffnung und bestärkt das Gefühl, nicht allein mit der Trauer zu sein.
- Wer an ein Leben nach dem Tod glaubt, hat es in der Bewältigung seiner Trauer leichter. Dennoch ist der Verlust eines Menschen für jeden schwer zu verkraften, da sich eine große Lücke auftut. Aber: Wir sind niemals wirklich getrennt von der anderen Welt!

# Anmerkungen

1 Langbein, Kurt/Skalnik, Christian: «Leben verlängern – um welchen Preis?» München 1996. S. 48 f.

2 Vgl. Jakoby, Bernard: «Die Brücke zum Licht. Nahtoderfahrung als Hoffnung.» München 2002. S. 31 ff.

3 «The Lancet» 358/2001. S. 2039 ff.

4 «Advances in Experimental Medicine and Biology» 2004. 550: S. 115–132.

5 Maisch, Herbert: «Patiententötungen. Dem Sterben nachgeholfen.» München 1997. S. 398.

6 Shenk, David: «Das Vergessen. Alzheimer: Porträt einer Epidemie.» Leipzig 2005. S. 36.

7 «Stern» 14/2005.

8 Ebenda.

9 Mindell, Arnold: «Schlüssel zum Erwachen. Sterbeerlebnisse und Beistand im Koma.» Olten 1989. S. 13.

10 Ebenda, S. 21.

11 Meuser, Bernhard (Hrsg.): «Johannes Paul II. Ich bin froh – seid ihr es auch. Das Testament.» München 2005. S. 55 f.

12 Ebenda, S. 20.

13 Johannes Paul II.: «Brief an die alten Menschen.» Vatikanstadt 1999. S. 14 ff.

14 «L'Osservatore Romano.» Nr. 45 vom 6. November 1998. Deutsche Ausgabe.

15 Meuser, Bernhard (Hrsg.): «Ich bin froh – seid ihr es auch.» S. 22.

16 Ebenda, S. 50.

17 Vgl. «Der Spiegel» 14/2005.

18 Vgl. Spaemann, Robert/Fuchs, Thomas: «Töten oder sterben lassen? Worum es in der Euthanasiedebatte geht.» Freiburg im Breisgau 1997. S. 38

19 Vgl. ebenda, S. 39 f.

20 Vgl. «Time Magazine» vom 4. April 2005. S. 16 ff.

21 Vgl. «Der Spiegel» 16/2001.

22 Vgl. «Stern» vom 31. März 2005.

23 Bittler, Jan: «Patientenverfügung und andere Vorsorgemöglichkeiten. So entscheiden Sie über Ihr Leben autonom.» Regensburg 2004. S. 24.

24 Ebenda, S. 30 f.

25 Ebenda, S. 34.

26 Ebenda, S. 35.

27 Bergmann, Anna: «Der entseelte Patient. Die moderne Medizin und der Tod.» Berlin 2004. S. 284.

28 Vgl. www.stern.de/wissenschaft. DPA/AP-Artikel vom 17. Februar 2005.

29 «Der Tagesspiegel» vom 31. März 2005.

30 Ebenda, S. 288.

31 Lermann, Gisela (Hrsg.): «Ungeteilt sterben. Kritische Stimmen zur Transplantationsmedizin.» Main 1996. S. 51 ff.

32 Ebenda, S. 53 ff.

33 Ebenda, S. 63 ff.

34 Bergmann, Anna: «Der entseelte Patient.» S. 292 ff.

35 Baureithel, Ulrike/Bergmann, Anna: «Herzloser Tod. Das Dilemma der Organspende.» Stuttgart 1999. S. 120.

36 Lermann, Gisela (Hrsg.): «Ungeteilt sterben.» S. 68 f.

37 Jakoby, Bernard: «Das Leben danach. Was mit uns geschieht, wenn wir sterben.» München 2001. S. 50 f.

38 Bergmann, Anna: «Der entseelte Patient.» S. 307.

39 «Der Spiegel» 7/1995. S. 165.

40 Bergmann, Anna: «Der entseelte Patient.» S. 308.

41 Ebenda, S. 307 f.

42 Ebenda, S. 310.

43 «P. M. Peter Moosleitners Magazin. Welt des Wissens.» April 2005. S. 40.

44 Sylvia, Claire: «Herzensfremd.» Hamburg 1998. S. 171.

45 Vgl. «Journal of Near-Death Studies.» Frühjahr 2002.

46 Vgl. http://www.spiegel.de/panorama/ 0,1518,334382,00.html.

47 Vgl. www.bild.t-online.de vom 27. Dezember 2004.

48 «Bild» vom 7. Januar 2005.

49 Vgl. Taylor, Humphrey: «The Religious And Other Beliefs Of Americans. The Harris Poll.» Februar 2003.

50 Vgl. Ring, Kenneth/Elsaesser-Valarino, Evelyn: «Im Angesicht des Lichts. Was wir aus Nah-Tod-Erfahrungen für das Leben gewinnen.» Ariston 1999.

51 Guggenheim, Bill und Judy: «Trost aus dem Jenseits.» S. 87.

52 Fiore, Edith: «Besessenheit und Heilung. Die Befreiung der Seele.» Güllesheim 1997. S. 42 ff.

53 Wickland, Dr. med. Carl: «Dreißig Jahre unter den Toten.» Darmstadt 1957. S. 33.

54 Innes, Brian: «Jenseits. Der Tod und das Leben danach.» Bindlach 1999. S. 143.

55 Fiore, Edith: «Besessenheit und Heilung.» S. 42.

56 Ebenda, S. 47 f.

57 Ebenda, S. 48.

58 Ritchie, George / Sherrill, Elisabeth: «Rückkehr von morgen.» Marburg 1990. S. 46 f.

59 Scallion, Gordon Michael: «Notes from the Cosmos.» Chesterfield 1997. S. 120 f.

60 Fiore, Edith: «Besessenheit und Heilung.» S. 44 f.

61 Fischedick, Heribert: «Die Kraft der Rituale. Lebensübergänge bewusst erleben und gestalten.» Stuttgart 2004. S. 98.

62 Ebenda, S. 100.

63 »Die Feier der Krankensakramente. Die Krankensalbung und die Ordnung der Krankenpastoral in den katholischen Bistümern des deutschen Sprachgebietes.» Freiburg 2002. S. 131.

64 Ebenda, S. 133.

# Literatur

*Ariès, Philippe:* «Geschichte des Todes.» München 1982.

*Baureithel, Ulrike/Bergmann, Anna:* «Herzloser Tod. Das Dilemma der Organspende.» Stuttgart 1999.

*Bergmann, Anna:* «Der entseelte Patient. Die moderne Medizin und der Tod.» Berlin 2004.

*Bittler, Jan:* «Patientenverfügung und andere Vorsorgemöglichkeiten. So entscheiden Sie über Ihr Leben autonom.» Regensburg 2004.

*Cardinal, Claudia:* «Trauerheilung. Ein Wegbegleiter.» Düsseldorf 2002.

*Elsaesser-Valarino, Evelyn:* «Erfahrungen an der Schwelle des Todes. Wissenschaftler äußern sich zur Nahtodeserfahrung.» Genf 1995.

*Faerber, Regina:* «Der verdrängte Tod.» Genf 1995.

*Fiore, Edith:* «Besessenheit und Heilung. Die Befreiung der Seele.» Güllesheim 1997.

*Fischedick, Heribert:* «Die Kraft der Rituale. Lebensübergänge bewusst erleben und gestalten.» Stuttgart 2004.

*Guggenheim, Bill und Judy:* «Trost aus dem Jenseits. Unerwartete Begegnungen mit Verstorbenen.» München 1997.

*Heintschel-Heinegg, Aglaja:* «Kontakte mit Unsichtbaren? Mediales Erleben.» Frankfurt am Main 1980.

*Hennezel, Marie de/Leloup, Jean-Yves:* «Die Kunst des Sterbens. Der Tod und wie wir mit ihm umgehen können.» Frankfurt am Main 2000.

*Innes, Brian:* «Jenseits. Der Tod und das Leben danach.» Bindlach 1999.

*Jakoby, Bernard:* «Auch du lebst ewig. Die Ergebnisse der modernen Sterbeforschung.» München 2000.

*Jakoby, Bernard:* «Das Leben danach. Was mit uns geschieht, wenn wir sterben.» München 2001.

*Jakoby, Bernard:* «Die Brücke zum Licht. Nahtoderfahrung als Hoffnung.» München 2002.

*Jakoby, Bernard:* «Geheimnis Sterben. Was wir heute über den Sterbeprozess wissen.» München 2004.

*Jakoby, Bernard:* «Keine Seele geht verloren. Hilfe und Hoffnung bei plötzlichen Todesfällen und Suizid.» München 2003.

*Jens, Walter/Küng, Hans:* «Menschenwürdig sterben. Ein Plädoyer für Selbstverantwortung.» München 1996.

*Kessler, David:* «In Würde. Die Rechte der Sterbenden.» Stuttgart 2003.

*Köstinger, Gabriele:* «Poltergeister. Ein Buch für Gläubige und Ungläubige.» Güllesheim 2003.

*Kübler-Ross, Elisabeth:* «Interviews mit Sterbenden.» Stuttgart 1977.

*Langbein, Kurt/Skalnik, Christian:* «Leben verlängern – um welchen Preis?» München 1996.

*Lermann, Gisela (Hrsg.):* «Ungeteilt sterben. Kritische Stimmen zur Transplantationsmedizin.» Main 1996.

*Maisch, Herbert:* «Patiententötungen. Dem Sterben nachgeholfen.» München 1997.

*Martin, Bruno:* «Das Lexikon der Spiritualität. Lehren, Meister, Traditionen.» München 2005.

*Meuser, Bernhard (Hrsg.):* «Johannes Paul II. Ich bin froh – seid ihr es auch. Das Testament.» München 2005.

*Mihm, Dorothea:* «Mit dem Sterben leben. Aus der Praxis der spirituellen Sterbebegleitung.» Krummwisch 2003.

*Mindell, Arnold:* «Schlüssel zum Erwachen. Sterbeerlebnisse und Beistand im Koma.» München 1989.

*Moser, Fanny:* «Ein Rätsel der Menschheit.» Frankfurt am Main 1980.

*Naegeli-Osjord, Dr. med. Hans:* «Besessenheit und Exorzismus.» Remagen 1983.

*Puhle, Annekatrin:* «Das Lexikon der Geister. Über 1000 Stichwörter aus Mythologie, Volksweisheit, Religion und Wissenschaft.» München 2004.

*Renz, Monika:* «Zeugnisse Sterbender. Todesnähe als Wandlung und letzte Reifung.» Paderborn 2001.

*Ring, Kenneth/Elsaesser-Valarino, Evelyn:* «Im Angesicht des Lichts. Was wir aus Nah-Tod-Erfahrungen für das Leben gewinnen.» Kreuzlingen 1999.

*Rinpoche, Sogyal:* «Das tibetische Buch vom Leben und Sterben. Ein Schlüssel zum tieferen Verständnis von Leben und Tod.» Bern 2003.

*Ritchie, George/Sherrill, Elisabeth:* «Rückkehr von morgen.» Marburg 1990.

*Schirrmacher, Frank:* «Das Methusalem-Komplott.» München 2004.

*Shenk, David:* «Das Vergessen. Alzheimer: Porträt einer Epidemie.» Leipzig 2005.

*Spaemann, Robert/Fuchs, Thomas:* «Töten oder sterben lassen? Worum es in der Euthanasiedebatte geht.» Freiburg im Breisgau 1997.

*Specht-Tomann, Monika/Tropper, Doris:* «Zeit des Abschieds. Sterbe- und Trauerbegleitung.» Düsseldorf 1998.

*Stolp, Hans/Brink, Margarete van den:* «Begegnungen im Lichtreich. Der Umgang mit Verstorbenen.» Grafing 2002.

*Sutherland, Cherie:* «Tröstliche Begegnung mit verstorbenen Kindern.» München 1998.

*Sylvia, Claire:* «Herzensfremd.» Hamburg 1998.

*Tausch-Flammer, Daniela/Bickel, Lisa:* «Spiritualität der Sterbebegleitung. Wege und Erfahrungen.» Freiburg 1997.

*Wellendorf, Elisabeth:* «Mit dem Herzen eines anderen leben. Die seelischen Folgen der Organtransplantation.» Zürich 1998.

*White, John:* «Sterben ist kein Tabu. Ein Selbsthilfeprogramm für den bewussten Umgang mit dem Tod.» Freiburg im Breisgau 1995.

*Wickland, Dr. med. Carl:* «Dreißig Jahre unter den Toten.» Darmstadt 1957.

# Hilfreiche Adressen

## Deutschland

*AGUS e. V. Bundesgeschäftsstelle,*
Wilhelmsplatz 2, 95444 Bayreuth,
Tel. 09 21/1 50 03 80 (Selbsthilfe, Suizidgefährdung)

*Bundesarbeitsgemeinschaft Hospiz zur Förderung von ambulanten,*
*teilstationären und stationären Hospizen und Palliativmedizin e. V.,*
Am Weiherhof 23, 52382 Niederzier, Tel. 0 24 28/80 29 37

*Bundesverband Verwaiste Eltern in Deutschland e. V.,*
Seelhorststr. 11, 30175 Hannover, Tel. 05 11/3 37 27 26, www.veid.de

*Deutsche AIDS-Hilfe e. V.,*
Dieffenbachstr. 33, 10967 Berlin, Tel. 0 30/6 90 08 70

*Deutsche Alzheimer Gesellschaft e. V.,*
Friedrichstr. 236, 10969 Berlin, Tel. 0 30/25 93 79 5-0,
Alzheimer-Tel. Deutschland: 0 18 03/17 10 17

*Deutsche Hospiz-Stiftung,*
Im Defahl 5–10, 44229 Dortmund, Tel. 02 31/7 38 07 30

*Deutsche Krebshilfe e. V.,*
Thomas-Mann-Str. 40, 53111 Bonn, Tel. 02 28/72 99 00

*Deutscher Caritasverband,*
Karlstr. 40, 79104 Freiburg, Tel. 07 61/20 04 18
(Beratung und Unterstützung in allen sozialen und
vielen finanziellen Fragen)

*Deutscher Kinderhospizverein e. V.,*
Kupferweg 6, 57462 Olpe, Tel. 0 27 61/96 95 55

*IGSL – Internationale Gesellschaft für Sterbebegleitung und Lebensbeistand e. V.,*
Zeppelinstr. 6, 55411 Bingen, Tel. 0 67 21/1 03 18

*OMEGA – Mit dem Sterben leben e. V.,*
Bundesgeschäftsstelle, Postfach 1407, 34346 Hannoversch Münden,
Tel. 0 55 41/48 81 oder 53 56

*Stiftung Deutsche Schlaganfall-Hilfe,*
Carl-Bertelsmann-Str. 256, 33311 Gütersloh,
Tel. 0 18 05/09 30 93, www.schlaganfall-hilfe.de

*Telefonseelsorge,*
Tel. 08 00 / 1 11 01 11 (evangelisch),
Tel. 08 00 / 1 11 02 22 (katholisch),
Tel. 08 00 / 1 11 03 33 (Kinder- und Jugendtelefon)

## Österreich

*Kriseninterventionszentrum,*
Spitalgasse 11, 1090 Wien, Tel. 02 22 / 4 39 59 50

*Telefonseelsorge,*
Tel. 1 42, www.telefonseelsorge.at

*Verwaiste Mütter, Väter, Geschwister,*
Elisabeth Maurer, Schererstr. 50 / 4 / 9, 1210 Wien
Versammlungsort: Amalienstr. 21–33, Zimmer 14, Wien 13

## Schweiz

*Stiftung Begleitung in Leid und Trauer,*
Tel. 0 52 / 2 69 02 12, www.leidundtrauer.ch

*Stiftung Pro Mente Sana,*
Tel. 08 48 / 80 08 58, www.promentesana.ch
(Beratung bei Problemen im Zusammenhang mit psychischen Krisen)

*Telefonseelsorge,*
Tel. 1 43, www.tel-143.ch

## Wichtige Internetadressen

Deutsche Gesellschaft für Suizidprävention:
www.suizidprophylaxe.de
www.selbstmord.de

Ein großes Trauerportal finden Sie unter:
www.trauer.org

Ein Treffpunkt und Austausch für verwitwete Frauen und Männer:
www.verwitwet.de

*Weitere Adressen:*
www.alzheimerforum.de
www.leben-ohne-dich.de
www.virtual-memorials.com

## Kontakt

Bei Interesse an Seminaren und Vorträgen oder einem Kontaktwunsch mit dem Autor:

www.sterbeforschung.de

Wenn Sie eigene Erlebnisse mitteilen möchten, können Sie diese schriftlich an folgende Adresse schicken:

Bernard Jakoby
c/o Verlag LangenMüller
Thomas-Wimmer-Ring 11
80539 München

## Danksagung

Ich danke
- dem gesamten Verlagsteam für die Unterstützung meiner Arbeit, besonders meinem Lektor Hermann Hemminger für die wertvollen Hinweise bei der Erstellung des Manuskripts;
- den Menschen, die mich, wenn ich ihren Rat brauchte, nie im Stich gelassen haben: Corinna Knoop, Hanne Glauche und Franz Uhlitz;
- den vielen Menschen, die mir ihr Vertrauen schenken;
- dem Himmel und meiner verstorbenen Mutter für alle Fügungen, die ich in meinem Leben erfahren durfte;
- der Fügung, durch die ich Markus Neumann kennengelernt habe, meinen Sekretär, Korrektor, Webmaster, Berater und Organisator meiner Seminare, der mit Geduld und unermüdlichem Einsatz wesentlich zum Gelingen meiner Projekte beiträgt.

*Bernard Jakoby*

# Bernard Jakoby
## *Wir sterben nie*

*Was wir heute über das Jenseits wissen können*

Ja, es gibt ein Leben nach dem Tod. In aktuellen Berichten über Nahtoderfahrungen und Nachtodkontakte, in Rückführungsprotokollen und in Mediendokumentationen werden erstaunlich übereinstimmende Szenarien der geistigen Welt beschrieben. Bernard Jakoby hat dieses Wissen gesammelt. Er beschreibt die unterschiedlichen Jenseitsebenen und die Stationen der Seelenentwicklung, die wir alle durchlaufen werden und beweist: Es existiert eine Realität des Jenseits!

Die Zusammenstellung der wissenschaftlichen Erkenntnisse: ein mutmachendes und lichtvolles Buch des Sterbeforschers.

264 Seiten, ISBN 978-3-485-01117-4
nymphenburger

Lesetipp

BUCHVERLAGE
LANGENMÜLLER HERBIG NYMPHENBURGER
WWW.HERBIG.NET